谨以此书献给追求“永续经营”的企业家们！

Successful Roadmap

8 Key Passwords of Business Continuity

成道

永续经营的八个密码

翟长信 · 著

中国经济出版社
CHINA ECONOMIC PUBLISHING HOUSE
· 北 京 ·

图书在版编目（CIP）数据

成道——永续经营的8个密码/翟长信著.
—北京：中国经济出版社，2019.12
ISBN 978-7-5136-5306-0
Ⅰ.①成… Ⅱ.①翟… Ⅲ.①企业管理—通俗读物 Ⅳ.①F272-49
中国版本图书馆CIP数据核字（2019）第286568号

责任编辑　李煜萍　郭国玺
责任印制　巢新强
封面设计　任燕飞工作室

出版发行　中国经济出版社
印 刷 者　北京力信诚印刷有限公司
经 销 者　各地新华书店
开　　本　710mm×1000mm　1/16
印　　张　12.25
字　　数　196千字
版　　次　2019年12月第1版
印　　次　2019年12月第1次
定　　价　48.00元
广告经营许可证　京西工商广字第8179号

中国经济出版社 **网址** www.economyph.com **社址** 北京市东城区安定门外大街58号 **邮编** 100011
本版图书如存在印装质量问题，请与本社销售中心联系调换（联系电话：010-57512564）

前言

PREFACE

2009年，我们11位志同道合的朋友共同筹集200万元在山东聊城创了山东质德农牧集团，成为集团的共同创始人。十年来，质德以每年平均100%的速度扩张，如今资产上亿元，从一个作坊式的小企业成长为有16家子公司的企业集团。有些同事觉得质德发展得已经很不错了，骄傲自满的思想有所冒头，而我晓得，质德的发展才刚刚开始，还需要统一思想认识，并对员工进行系统的思想教育。为此，我们编撰了一系列课件，作为企业员工的培训教材，这对中层管理人员管理能力的提升具有特别的实用价值。

同事们提议，既然整理出来了一套系统的培训教材，何不作为一部管理类的书籍公开出版发行，让更多的人受益呢？于是，就有了《成道——永续经营的8个密码》这部书。之所以将企业成功的密码确定为8个，是因为我们的出发点是把我们的企业进一步做强、做大。作为一个成熟的企业，至少需要几个方面的努力：第一，要有宽广的视野；第二，要确定好战略目标；第三，要下定决心；第四，要付诸行动；第五，要能够持续地做下去，一定要有激情；第六，有了激情，还要不懈地坚持；第七，在前面六大措施的基础上，企业经营才能出成果；第八，当企业再上一个台阶后，还要及时调整成新的格局。这就是这部书的基本内容和构想的来历。

在写作过程中，我思考了很多，也收获了很多，特别是对于“眼界”“格局”的认识，又达到了新的高度。

眼界，决定心的格局；格局，框定人生的命运。眼界有多宽，心就会有多宽。做人是如此，做企业也是如此。很多年前，我就曾断言：“贸工技”肯定搞不过“技工贸”。截至2018年底，联想市值81亿美元，而华为估值已超4000亿美元，二者差距接近50倍。这就是眼界与格局的差异。

回想年轻时听到这样一个故事：三个人在路上走着，迎面驶来一辆豪车，甲哀叹道：“唉，别人开豪车，我连自行车都没有。”乙狠狠地说：“开个豪车神气什么？搞不好就会出事！”丙羡慕地说：“我也要一辆豪车！等着，我会有的。”二十年后，甲仍是一个农民工，乙开了个小小的维修店，丙成了亿万身家的企业家。多年来，这个故事一直激励着我不断进取，不断进步。

世界上的人，大体有三种：第一种人随波逐流，听天由命；第二种人争强好胜，逆天而行；第三种人充满自信，行正致远。第一种人最可悲，因为他们无知无欲，会一直生活在社会的最底层；第二种人最自负，因为他们觉得自己很厉害，实际上从来没有找到出发的路；第三种人最有眼界，他们看到了一般人看不到的东西。对待同样一件事情，不同的人的态度是完全不同的，有的人看到的是风险，有的人看到的是机会，有的人既看到了风险也看到了机会，于是有的人在山谷，有的人在山腰，有的人在山峰，人便有了三六九等。

一个人的眼界和格局如何，往往影响乃至决定一个人能走多远、行多稳，能干多大的事、挑多重的担。正所谓“眼界决定境界，格局决定结局”。

高度决定了眼界，眼界决定了格局。那么，高度又是怎么来的呢？来自良好心态、学习能力、所在圈层、思维模式，通过“取势、明道、优术”而取得竞争优势，成功便水到渠成。

回到本书的主题，作为质德公司内部各级管理人员自我提升、自我修炼的必读教材，现在公开出版，希望可以成为更多企业管理者的参考读物。

在本书出版的过程中，信睿咨询首席顾问水藏玺老师给了我有力的支持，水藏玺老师是一名睿智、勤奋的企业家，也是一位著名的财经作家，借此书出版之际，对水老师的鼎力支持深表谢意。同时，中国经济出版社经管分社的李煜萍社长也对本书的最终出版贡献了大量中肯的建议，深圳中新智源的杨剑先生对本书进行了润色，在此一并感谢！

当然，限于个人学识、资历、经验不足，书中难免存在不足之处，敬请读者朋友来信、来电探讨与沟通。

2019年10月于山东聊城

目录
CONTENTS

第一章 视 野

人们总把自己的视野领域，当成世界的视野领域。

——布莱士·帕斯卡

读了好书之后，应当从中得到希望、勇气和喜悦，开阔视野。

——池田大作

管理学上的视野，不仅是指企业管理者所能观察到的发展空间，更是指他认识事物的广度、深度、高度和速度。

——本书作者

第一节　广深高速

连接广州与深圳的广深高速是全中国最赚钱的高速公路之一，把“广深高速”四个字拆开，很好地描绘了管理者视野的四个维度——广度、深度、高度和速度，故而自从我们提出“广深高速”这个概念后，在业界得到了广泛的传播。

现代企业管理要求企业领导人必须具有高空飞翔的雄鹰般锐利的眼睛；企业领导人必须对纷乱繁杂的事物具有抽丝剥茧般的深邃认识，对企业发展深思熟虑；企业领导人必须能够站在巅峰上俯视芸芸众生，高瞻远瞩；企业领导人还必须对事物的变化具有灵敏的反应能力，永远站立潮头，而不是亦步亦趋。

一、站得高，看得远

王安石在《登飞来峰》一诗中说道：不畏浮云遮望眼，只缘身在最高层。站得高必然看得远，站得高就可以不惧浮云，透过俗世的繁杂，直抵遥远的目标。

2019年5月16日，美国商务部工业和安全局把华为列入美国维护国家安全利益进行出口管制采取的最终用户（End User）名单。为此，华为不得不启动“备胎”计划。这一计划是公司多年前为了极限生存而做的生存替代方案，即假设某一天，所有美国的先进芯片和技术被人为截断，华为就可以启动“备胎”计划继续为客户服务。为此，2004年10月，华为海思半导体有限公司成立，负责设计华为自己的芯片。

15年前，华为总裁任正非就预见到总有一天，美国会出手卡死华为的脖子，为了防止这种后果，华为每年投资数亿资金研发“高端芯片”，以确保在被美国断供高端芯片的关键时候实现自主产品的替代。由此，华为不但研发出了世界顶级的7纳米级芯片，还研发出了比安卓系统还好用的操作系统。

如果华为没有高瞻远瞩的视野与远见，就不可能投入如此巨资研发自主高端芯片。正是由于华为具有超越一般企业的远见与卓识，才成功地防止了2018年中兴通讯的悲剧再度发生，使得公司在被美国以国家力量全力围剿中有惊无险。①

“会当凌绝顶，一览众山小”是唐代伟大诗人杜甫《望岳》中的两句经典名言，表达了诗人不怕困难、敢攀顶峰、俯视一切的雄心和气概以及卓然独立、兼济天下的豪情壮志，具有自强不息的大无畏精神。作为一名企业家，就要有这种大无畏精神，因为只有在山巅，才能一览众山小，真正领略波澜壮阔的时代洪流，才能走出红海，走向蓝海。

二、先深思，后熟虑

深思熟虑是企业家精神的充分体现，企业领导人对企业发展需要反复、深入、细致、全面地考虑。

1. 过去、现在、未来

企业领导人的深思熟虑体现在对企业三个维度（过去、现在、未来）的思考，企业领导需要对企业过去的教训进行深刻反思，对现在的经营进行精细化管理，对做强、做大有全面的考量，对企业未来发展进行系统的布局。

很多企业用自己的成败演绎了这样一个规律：盛极之日，就是衰落之时；今天的富豪，明天沦落为“负翁”。作为企业，不能作壁上观，而要不断成长，探索强大之路，认真思考企业的长远战略，并在优化组织设计，在管理运作上下努力，如履薄冰，如临深渊，就肯定可以不断前进。

---

① 孟庆建．美国又出手！华为海思内部信：备胎芯片一夜转正［EB/OL］．（2019-12-15）［2019-12-15］http：//finance. jrj. com. cn/tech/2019/05/17104427585241. shtml.

企业家要真正理解保守、稳健、持续发展的要义，因为这是企业的成功之道。

2. 要学会深度思考

马云说："每个人都要深度思考如何丈量自己的人生。"我十分赞同他的这一观点。每个人赤条条地来到世间，也会赤条条地离开世间，唯一不同的是，有的人什么印记都没有留下，有的人却留下了浓墨重彩。

马云早年有一次刻骨铭心的求职经历，这次经历彻底改变了他的思维方式并让他受益无穷。

马云是那种喜欢折腾的人，在一个地方待久了，生活平静如水，或者看不到发展机会的时候，就要去找一份更具挑战性的工作。

他为挑战性的工作制定了三个标准：

（1）这份工作是自己喜欢的；

（2）这份工作能发挥自己的特长；

（3）这份工作所处行业还在上升期。

寻找了很长时间，最后他决定应聘天使投资的投资经理职位。虽然没有从事过类似工作，但他凭借着内在的驱动力，花了半个月时间研究了这个行业，把国外的先进理念与国内行业发展现状进行了横向、纵向对比分析，写了一份行业投资分析报告，随后投了份简历。他如愿以偿地获得了面试邀请。这家天使投资公司位于杭州，在去面试的火车上他把《金字塔原理》重新看了一遍。他看《金字塔原理》旨在提高自己的逻辑思考能力和表达能力。可见，此时他已经意识到了自己深度思考能力有待提高，但缺乏提高的动力和缺乏对深度思考重要性的深刻认识。果不其然，一场惨败彻底把他浇醒。

面试HR总监问了他几个问题。

HR总监："对你影响最深的一本书是什么，作者是谁？"

他回答说了书中的几个观点，然而作者是谁却怎么也想不起来。

HR总监："平时看科幻电影吗？"

他说："平时工作比较忙，很少看电影。"

HR总监又问："你痴迷什么？痴迷到什么程度？"

他回答："除了工作、看些书，确实没对什么东西很痴迷。"

面试完，他就觉得自己对问题回答得很糟糕。在返程的路上，他收到了HR总监的回复："通过和同事的综合测评，您的经历不适合这份工作。"虽然他自己也预感到了这个结果，但内心还是有点不甘，便问HR总监："为什么面试没通过呢？"HR总监回答："您的知识深度和广度不够，缺乏远见。"这句话彻底地惊醒了马云。

对于一个企业家来说，深度思考的重要性，怎么强调也不过分。中国创业者千千万万，每天都有一批企业成立，每天又都会死掉一批，因为大多数创业者对行业都缺乏深度思考。

"深度""广度""远见"，这六个字深深刺痛了马云，直接把自信满满的他打回了原形。再仔细分析那几个问题，他发觉，它们的针对性其实很强。"什么书对你影响最深"的问题旨在考查一个人对这本书的理解深度，而对一名天使投资人来说，理解深度是基本的素质要求。"看不看科幻电影"的问题旨在考察一个人对未来的关注程度。马云觉得，自己虽然把《金字塔原理》看了两遍，但仅仅记住几个观点，并未深刻理解书中的体系结构，看了而没有真正消化，不去深入思考、理解、消化，把知识变成自己的东西，本质上跟没看差不多。

晨兴资本的刘芹有篇文章，叫《深度思考比勤奋更重要》，当时马云看完这句话后记住了，但没什么切身体会，经过这次痛苦的遭遇，他发现这句话太有分量了。于是，马云在网上重新搜索了这篇文章，从头到尾认真地又学习了几遍。①

为什么要具备深度思考能力？现实中很多个人成长经历和成功经验并非是显而易见的，也并非仅仅通过时间的简单累加就能得出答案。例如：

你的优势是什么？

你的人生方向在哪里？

你的毕生事业是什么？

---

① ［美］莫琳·希凯，孙锐才．深度思考：不断逼近问题的本质［M］．南京：江苏凤凰文艺出版社，2018：9.

你现在的瓶颈要怎么突破?

这些问题困扰着很多人，因为这些问题会直接决定和影响自己的未来。为了回答上述问题，需要我们学习和运用深度思考能力。环视周遭的每一个牛人，你会发现他们都对自己极度了解，了解自己的爱好、优势、人生方向，同时，对自己所在行业也有深度的理解。从某种意义上说，深度思考能力决定着一个人可以达到的高度。其实，我们现在的人生状态是N年前对某个问题深度思考后决定的结果。

深度思考比勤奋更重要，深度思考决定人生。要理解这句话，首先需要明确几个概念：什么是深度？深度是触及事物本质的程度。深入理解了事物的本质是“深”，只了解事物表面是“浅”；内心透彻为“深”，思维混沌为“浅”；思维能为自己的行为提供思想指导为“深”，盲目蛮干为“浅”。“决定”的意思是“起决定性作用”，但不是“起绝对性的作用”。人生不是完全由深度思考决定的，但深度思考起着决定性的作用。

有人认为，一些人不需要思想太深刻照样可以过得舒服自在，比如富二代、官二代、星二代；比如买张彩票中了百万元大奖。事实上，中大奖的人有几个用这笔钱完成了逆袭？没有一个。为什么？因为他们没有思考怎么用好这笔横财，更谈不上深度思考。

深度思维可以指导我们采取正确的行动。当我们的思考达到一定深度时，肯定会碰到需要抉择的事情，这个时候不仅要深度思考，还要结合价值判断、行动原则才能做出恰当的抉择。在处理影响和决定我们未来发展的问题，在面对重大利益关系时，在处理重要的人际关系时，都需要我们运用深度思考能力。在现实生活中，大多数人在大事上粗枝大叶，在小事上却精于算计，实为本末倒置，也是缺乏深度思考的表现。

3. 深度思考的方法

找到自己深度思考的土壤，还得有一套开垦土壤的工具，即拥有一套深度思考的方法论。

（1）可繁殖的知识量。“可繁殖的知识”这个概念来源于比特基金发起人李笑来。李笑来把知识分为两种：一种是不可繁殖的知识，一种是可繁殖的知识。比如，秦始皇是哪年统一六国的？这种知识是不可繁殖的。但像“深度思考比勤奋更重要”这种知识就是可繁殖的，它可以让你提高、进步，让你变得更加深刻。一个人如果不能深度思考，根本原因一定是见识少、知识积累量不够。现在是信息爆炸的时代，每天都会产生大量的信息，但并不是每条信息都是有价值的，面对铺天盖地的信息，首先要做的就是甄别信息的有用性，无价值的信息可以忽略，重点甄别有价值的信息。

（2）多维度思考。有个著名的典故叫“盲人摸象”，思考过程就像是盲人摸象的过程，要努力从多层次、多角度看待问题，按照一定的逻辑关系，把所有的问题都想全、想通、想透。认识大象的过程其实是人类按照结构思考逻辑把各个部分找全的过程。

多维度思考有个重要的工具叫“MECE”分析法（Mutually Exclusive Collectively Exhaustive），意思是“相互独立，完全穷尽”，在分析问题时要把涉及这个问题的所有维度都找到，但每个维度又是不重复的，也就是找到的问题各个方面要互相独立，互不重叠。

（3）多思多想。已故港星李小龙曾经说起过这个问题。他说：“不怕一个人会100种功夫，只怕一个人把一个招式练100遍。好功夫需要速度、力量、技巧，100种功夫每种都是浅尝辄止，也不能实战；把一个招式练习100遍，往往可以一击致命。”同理，对一个问题若想深刻，想一两遍不一定能够想明白。

（4）注重细节。喜剧选秀节目《笑傲江湖》第二季有个表演者叫沈小龙，他把打喷嚏分解开来演，让观众耳目一新。有时候，我们对问题认识不深，在一定程度上是对细节掌握不够，仅仅了解个笼统的概念就不再往深里追究，实际上，追得越深，认识越深刻。事物的本质是包裹在一层一层表象里面的，不追到底就会以为表象呈现的东西就是事物本质，这就会产生错误的认识。深刻是一种态度，事事不求细节的人很难变得优秀。

（5）概念清晰。在婴儿牙牙学语的时候，父母亲说话往往喜欢把花儿说成“花花”、把虫子说成“虫虫”、把勺子说成“勺勺”。但心理学家建议，最好不要用这种语言和孩子交流，是什么花就说什么花，是虫子就说虫子，是勺子就说勺子。语言的基础是文字，文字是思想和逻辑的基础，概念清楚，思想才能清晰、深刻。

（6）结构化思考。美国作者芭芭拉·明托写了的一本关于思考、表达和解决问题逻辑的书，叫《金字塔原理》，其中，金字塔结构是一种很好的思考和表达方法。那么，在思考、表达的时候，为什么要构建金字塔结构呢？研究表明，人类能够记住、理解的项目最多是7个，比如：你写了一篇文章或做个演讲，把论据A、B、C、A1、A2、A3……，一股脑地讲出来、写出来，别人恐怕很难理解，所以，需要把所有内容通过演绎推理和归纳推理组合成几组，同组内的内容按照因果逻辑、结构逻辑、程度逻辑展开，然后以此类推。人的思考过程都是自下而上的，金字塔原理是观点先行，先提出观点，然后通过归纳和演绎思考论据，把论据找充分。上层思想是下层思想的总结，下层思想是上层思想的解释，这种结构就是疑问/回答式，下层思想其实是对上层思想的回答。通过疑问/回答方式不断深入，构成整个金字塔结构，写出一篇文章。

（7）尝试把想到的写出来。写东西是整理思路最好的方法。把所思所想写出来与人分享，才能真正变成自己的东西。写作是一个深度思考的过程，它会把存储在大脑中的不同区域的零散知识点调取出来，组合成有深度的思想体系。华为任总裁正非就有在公司内部发布文章的习惯，因为只有把想法写成文章才会形成严密的逻辑，才便于构筑完整的体系。

三、从宏观到微观

企业外部环境又分为宏观环境和微观环境。企业宏观环境因素包括政治、经济、技术、社会文化等因素；企业微观环境因素包括外部资源、市场需求、竞争环境等，涉及行业状况，涉及竞争者、消费者、供应商、中间商等各种社会利益团体。宏观环境一般通过微观环境对企业间接产生影响，而微观环境则直接作用于企业的生产经营活动。

1. 宏观环境分析

宏观环境一般包括即政治、经济、技术、社会文化四大因素。

（1）政治环境。具体包括国家政治制度、政治军事形势、方针政策、法律法令法规及执法体系等因素。

（2）经济环境。具体包括社会经济制度、经济结构、宏观经济政策、经济发展水平以及未来的经济走势等。衡量经济环境的指标有：国民生产总值、国民收入、就业水平、物价水平、消费支出分配规模、国际收支状况以及利率、通货供应量、政府支出、汇率等国家财政货币政策。

（3）技术环境。是指与本企业有关的科学技术现有水平、发展趋势和发展速度以及国家科技体制、科技政策等。如科技研究的领域、科技成果的门类分布及先进程度、科技研究与开发的实力，等等。

（4）社会文化环境。是指企业所处地区的社会结构、风俗习惯、宗教信仰、价值观念、行为规范、生活方式、文化水平、人口规模与地理分布等因素的形成与变动。社会文化环境对企业的生产经营有着潜移默化的影响，如文化水平会影响人们的需求层次；风俗习惯和宗教信仰可能抵制或禁止企业进行某些活动；人口规模与地理分布会影响产品的社会需求与消费等。

另外，还有自然环境，即一个企业所在地区或市场的地理、气候、资源分布、生态环境等因素。

2. 微观环境分析

微观环境是企业生存与发展的具体环境。主要包括市场需求、竞争和资源以及直接有关的政策、法律、法令等方面。

（1）市场需求。市场需求包括现实需求和潜在需求。现实需求决定企业目前的市场销量，而潜在需求则决定企业未来的市场。

（2）竞争环境。包括竞争规模、竞争对手实力与数目、竞争激烈化程度等。具体竞争方式包括同行竞争、替代产品行业竞争、购买者竞争、供应者竞争，等等。

（3）资源环境。资源环境包括各种资源开发利用状况、资源的供应状况、资源的发展变化情况等。

在一般情形下，宏观环境因素决定微观环境因素，微观环境也对宏观环境有重要的反作用。

所有环境因素或直接、或间接、或单独、或交叉对企业构成机会或威胁。企业通过对市场营销环境及其发展变化的客观认识和分析，来实现趋利避害的目的。

3. 宏观环境影响企业的路径

一是社会环境通过市场生态环境间接地对企业产生影响。市场生态环境将社会环境的要素变化转为自身的变化，进而影响企业。

二是社会环境直接作用于企业。

三是社会环境通过企业内部环境间接作用于企业。

4. 微观环境影响企业的具体路径

（1）市场环境的各种因素——市场容量、市场结构、竞争对手、供应商、购买产品者等均可以直接影响企业的生产经营活动。

（2）市场环境通过社会环境间接地对企业产生影响。

（3）通过企业内部环境系统间接地影响企业。

所以，作为一个企业，不仅要研究宏观面，也要研究中观面，更要研究微观面，只有同时做好宏观、微观的研究，才能更好地得到发展。

四、永远领先半步

要在极速变化的信息与通信技术产业中生存，就要不断创新。创新虽然有风险，但不创新才是最大的风险。另外，在创新问题上，要更多地宽容失败。公司要宽容脑洞大开式的奇思异想，要肯定反对者的价值和作用，允许反对者的存在。

华为在经历过失败的创新之后，总结出了7条经验教训：

（1）鼓励创新，反对盲目创新；

（2）客户需求和技术创新双轮驱动；

（3）领先半步是先进，领先三步成先烈；

（4）开放合作，一杯咖啡吸收宇宙能量；

（5）在继承的基础上创新；

（6）创新要宽容失败，给创新以空间；

（7）只有拥有核心技术知识产权，才能进入世界竞争。

关于领先问题，任正非有一句名言：“领先半步是先进，领先三步成先烈”。意思就是说，做事一定要掌握一个度。比如，一个企业的创新，比市场领先了一百步，你的东西产品根本没人买，工厂就要倒闭；如果你只领先市场半步，你的东西产品就能比别人的卖得好。所以，成功是永远比别人领先半步。

如今，华为的经验也已成为众多企业学习的典范。下面我们来看看华为对于“领先半步是先进，领先三步成先烈”的创新原则的理解与认知。

大幅超前的技术，当然也是人类文明的瑰宝，但大多数超前技术会以自我牺牲的方式来完成。20 世纪 IT 产业泡沫的破灭，使得全世界损失了超过 20 万亿美元的财富。而几乎所有倒闭的公司并不是因为技术落后而倒闭的，而是由于技术过于先进，产品得不到别人的完全认识与认可，产品研发消耗了大量资源，市场回报又无法补足这种消耗，从而引发企业竞争力的丧失。许多企业具有领先世界潮流的技术，最后不但不能成为市场赢家，反而为推广新技术付出了巨额成本。这些企业最终都成了“先烈”，而非成为先进。

然而，企业缺乏先进的技术是万万不行的。华为的做法是，在产品创新与技术创新方面，企业要保持领先地位，但只能是领先竞争对手半步，并明确将技术导向战略确定为客户需求导向。通过对客户需求分析提出解决方案，以这些解决方案引导开发出低成本、高增值的产品，防止盲目在技术上引领创新新潮流。

第二节 战略视界

“战”是指战争，“略”是指谋略，合起来就是战争谋略。俗话说：商场如战场，所以，商场经营需要战略思维。战略，是一种从全局考虑谋划以实现全局目标的规划，战术只是为实现战略的手段。要实现战略胜利，有时候需要牺牲局部利益。争一时之长短，用战术就可以达到；“争一世之雌雄”，则需要从全局出发去规划，这就是战略。

一、运筹帷幄，决胜千里

“运筹帷幄之中，决胜千里之外”，出自西汉司马迁《史记·高祖本纪》，意指在小小的军帐之内作出的正确部署，决定了千里之外战场上的胜利。毛泽东指挥朝鲜战争就是“运筹帷幄之中，决胜千里之外”的经典案例。

1950年夏，朝鲜战争爆发，由于以美国为首的联合国军的介入，战火迅速烧过三八线，对刚刚成立一年之久的新中国造成威胁。10月19日，带着苏联空军支援的承诺，25万中国人民志愿军跨过鸭绿江赴朝参战，然而始料未及的是，就在中国人民志愿军踏上朝鲜的同一天，朝鲜首都平壤即遭联合国军占领，而苏联方面又突然变卦，拒绝空中支援。面对如此困局，立足未稳的中国人民志愿军战士将如何拉开反攻大幕？

每天深夜，菊香书屋依然灯火通明。“大前门”香烟把室内的烟雾弄得越来越浓，而毛泽东主席的思路反倒越来越清晰。中央领导同志都知道，毛主席不管走到哪里，手头总是离不开三样东西：香烟、笔筒和茶杯。此刻，在烟雾的缭绕下，他一手端着装满浓茶的杯子，一手攥着如椽的铅笔，时而审视军事地图，时而修改电报文稿。

自从中国人民志愿军过江后，毛泽东又像在指挥解放战争三大战役时那样案牍劳形，亲拟电文，完全忘记了时间，忘记了饥饿，忘记了疲劳，手中那半截铅笔好像在挥动着千军万马。在志愿军第一次战役期间，由他亲自起草发往朝鲜前线的电报不仅十分频繁，而且指示也十分明确，连细枝末节问题都不厌其详，时时提醒志愿军司令部慎重出战。

1950年10月21日凌晨2时30分，毛泽东致电还在行军中的彭德怀：“截至此刻为止，美、伪均未料到我志愿军会参战，故敢于分散为东西两路，放胆前进。”一小时后，他又电告彭德怀放弃原来的计划，改取运动中歼敌的方针。电报指出：“现在是争取战机的问题，是在几天之内完成战略部署，以便几天之后开始作战的问题，而不是先有一个时期部署防御，然后再谈攻击的问题。”

10月23日早晨7时，晚睡晚起的毛泽东还在伏案工作，他拿起狼毫在砚台上润过，迅速起草一份电文，嘱咐彭德怀：“我各部派遣远出之侦察队，均要伪装成朝鲜人民军，而不要称为中国人民志愿军，借以迷惑敌人。”

10月25日21时，毛泽东看完志司发来的电报后，一边仔细地查阅地图，一边感慨地说：“好事多磨，恐怕又要改变计划啰！”他马上给彭德怀起草一份电报，赞同其“抓住战机、分途歼敌”的方针，“先歼灭敌人几个团，逐步扩大，歼灭更多敌人，稳定人心，使我军站稳脚跟，这个方针是正确的。”

获悉伪六师七团占领了鸭绿江边的楚山，敌人第一次到达中朝边境，兵临国门，毛泽东于28日16时30分给彭德怀、邓华并告高岗的电报指出：“（一）庆祝你们的初战胜利。（二）目前全战役的关键有两点：一是确实抓住古场、楚山之伪七团，不使逃脱，如此则伪一、六、八师非增援不可，有仗可打；二是我三个军全部到齐，并完成战役展开，如此则我攻击时迅猛有力，保证歼敌。”

……

中南海与朝鲜战场一直保持着热线联系，而所有这些电报都是毛泽东亲自起草的。8天，192个小时，毛泽东共发给志司29份电报。

就这样，通过认真分析和细致的指挥，经过历次战役最终将战线稳定在38线一带。把以美军为首的联合国军（美国、英国、法国、加拿大、澳大利亚、新西兰、荷兰、比利时、卢森堡、希腊、土耳其、哥伦比亚、泰国、菲律宾、南非、埃塞俄比亚）打得哭爹叫娘。

1951年7月10日，中华人民共和国和朝鲜方面与联合国军的美国代表开始停战谈判，经过多次谈判后，终于在1953年7月27日签署《朝鲜停战协定》。①

二、谋全局，不谋一域

清朝人陈澹然在《寤言二·迁都建藩议》中论道：“不谋万世者，不

① 徐焰．毛泽东与抗美援朝战争：正确而辉煌的运筹帷幄［M］．北京：解放军出版社，2003：1.

足谋一时；不谋全局者，不足谋一域。”这句话充分说明了战略规划两个维度的重要性。

企业经营需要全局观念的维度：

第一，认清局势。深刻理解企业的战略目标、企业局部与整体、长期利益与短期利益的关系以及其他各关键因素在实现组织战略中的作用。

第二，尊重规则。有较强的法治意识，尊重规则，不为局部小利轻易打破规则、平衡与秩序。

第三，团结协作。倡导部门间相互支持、密切配合，共同完成企业战略目标。

第四，甘于奉献。在决策时，通盘考虑局部与整体的关系；以公司发展大局为重，在必要时能够勇于牺牲局部利益和眼前利益，为企业长远战略和发展大局让路。

企业经营需要坚持“大处着眼，小处着手”的行动原则。“大处着眼，小处着手”意为从大的目标去观察，从小的地方去动手；既要从全局和长远利益出发去考虑问题，又要在具体执行中把每件事情都做好，也就是思维的前瞻性要与行动的执行力有机结合起来。

三、小胜靠智，大胜靠德

南朝刘义庆在《世说新语》中写道：“德成智出，业广惟勤。小富靠勤，中富靠智，大富靠德；小胜靠智，大胜靠德。”“小胜靠智，大胜靠德”，就是说，小的胜利凭的是小聪明，要在大事情上取得胜利，光靠小聪明是不行的，大胜靠的是德行。

曾国藩“从政八经”也有云：

（1）做人一定要像人，做官不可像官。

（2）按本色做人，按角色办事。

（3）把所有人都得罪了，也就谁都不得罪了。

（4）有油水的地方常常最滑，爬起来站稳都难。

（5）沉默是一种态度，拖也是一种方法。

（6）不怕群众骂你，就怕群众不找你。

（7）可以得罪忙人，但不可得罪闲人。

（8）小胜靠智，大胜靠德。

曾国藩“大处着眼，小处着手；群居守口，独居守心”的联语广为流传。在办军务的实践中，曾氏明白凡事皆有大小两个方面。所谓大处着眼，即要有宏观意识，也就是说，要有大方向、大格局、长远、通盘上的思考计虑，这属于见识、眼光的范畴。所谓小处着手，即在微观上，也就是说，在局部、细节、点点滴滴上都得一一落到实处、一一做好，真抓实干。若光有宏大的设想，没有一一落实的措施，一切都成泡影；若只埋头在琐事繁杂之中，没有长远的大规划，也成不了大气候。要将陆九渊的“立大”“知本”与朱熹的铢积寸累互相结合，才能完美。

第三节　流量思维

流量，原指在单位时间内通过某一指定点的物流或人流量，现指网络中在一定时间内网址的人气访问量。广域流量就是商家网站在互联网上的点击量；私域流量就是商家自己的客户资源，商家能够直接接触这些客户并向其推广产品，而不需要被动地靠平台推荐或者广告曝光。我们需要将广域流量转化为私域流量，而获得流量的最快捷方式之一就是建立圈子。所以，流量思维又可称为圈子思维。

一、圈层决定高度

一个人的朋友圈很重要，它会从侧面反映出一个人的品位，也会影响一个人的格局和行为。

圈子的本质是人脉，因此，当圈子里共同属性的成员互通有无、彼此借力时，便能发挥出1+1>2的能量。那么，既然圈子与格局之间的关系如此紧密，我们要如何打造一个能够提升自己格局的圈子呢？有三项基本工作可以帮助我们。

1. 圈子决定视野

哈佛大学大卫马克特兰德博士经过多年研究后发现：你选择的“圈

子”，是决定你未来的最大因素。在现实生活中，你和谁在一起十分重要，甚至能改变你的成长轨迹，决定你的人生成败。

李嘉诚说过这样一段话：“一根稻草，扔在大街上，就是垃圾；与白菜捆在一起，就是白菜价格；与大闸蟹绑在一起，就是大闸蟹的价格。”

有这样一句话：“人生有两大幸事：读到好书，交到高人。”因为一个人身份的高低，是由你所在的圈子决定的，圈子里朋友的层次越高，意味着他们的价值越高，他们对你的事业帮助也越大。

“读万卷书不如行万里路，行万里路不如阅人无数，阅人无数不如贵人相助。”有时，“贵人”的一个指点、一个随手的帮助，就能使你的人生与众不同，脱颖而出。

同样道理，在一个消极的、没有目标的圈子里，你会像那些人一样，变得消极而毫无目标。你对朋友的选择会主导你的未来。

圈子对一个人有很大的影响力，所以我们要谨慎选择那些我们愿意花时间交往的朋友，远离那些消极暴躁、自暴自弃、只想不劳而获的人。

2. 圈层决定高度

财富平均法则告诉我们，你的圈层决定着你的财富，因为你的圈子决定了你的思维能力和掌控资源的能力。因此，你决定自己的圈子，你的圈子决定你的人生。

你选择跟伟人做朋友，那么你的胸襟一定不会狭窄到哪里去！海纳百川，如果你是大海还能容不下一颗小小的盐粒吗？如果你选择跟小人做朋友，那么你的格局一定也大不到哪里去。坐在井底的青蛙，看到再大的天空，也只能是通过井口看到的一片白云。

我们无法选择自己的生活，但能选择生活中的朋友。跟随蝴蝶走下去的人，看到的是芬芳的鲜花，而跟着苍蝇走下去的人，只能到达肮脏的沟渠。

二、走出舒适区

舒适区指的是一个人无压力状况的心理状态，在这种状态或模式中，人会感到舒适。一个人想进步，要想进入好一点的圈子，必须要有危机感，走出自己的舒适区。

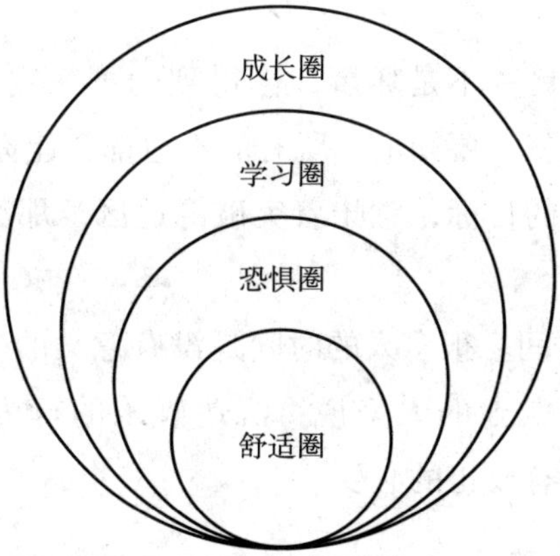

图 1-1　心理圈层图

舒适区是我们自己制造出来的，我们将自己的生活、工作、能力、喜好一一衡量，选择那些最不费力的部分，当作我们的生活理想。

每个人都会有一个自己的心理舒适区，但舒适区虽好，也有正面和负面作用。

心理舒适区的正面作用是：

（1）舒适区是一种认知状况，它是人们生存状况的避风港。

（2）舒适区是自我调节器，它对人有稳定情绪的作用。

（3）舒适区决定了每个人对外界信息的接纳度。

心理舒适区的负面作用是：

沉溺于舒适区的人，对现状保持一定的满意度，既没有改变的强烈欲望，也不会主动地付出太多的努力，所有的行为无非是为了保持舒适的感觉而已。

大家都知道温水煮青蛙的故事，19 世纪末美国康奈尔大学科学家做过的一个“温水煮青蛙实验”：

科学家将青蛙投入已经煮沸的开水中时，青蛙因受不了突如其来的高温刺激，立即奋力从开水中跳出来，从而得以成功逃生。

当科研人员把青蛙先放入装着冷水的容器中，然后再慢慢加热，结果就不一样了；青蛙反倒因为开始时水温的舒适而在水中悠然自得。

当青蛙发现无法忍受高温时，已经心有余而力不足了，不知不觉被煮死在滚水中。

因此，逃离舒适区并不是坏事，你得到的不一定是居无定所的生活，反而可能是巨大的成就。要知道，所有的不适都会让你成长。

制定具有挑战性的目标，意味着突破舒适区，那么，如何突破自己的舒适区呢？

（1）重新定义时间。很多人的时间是没有意义的，混日子的方式以游戏娱乐居多，对那些空虚的人来说，沉迷娱乐的行为是隐性的、无知觉的，他们甚至不觉得有改正的必要。

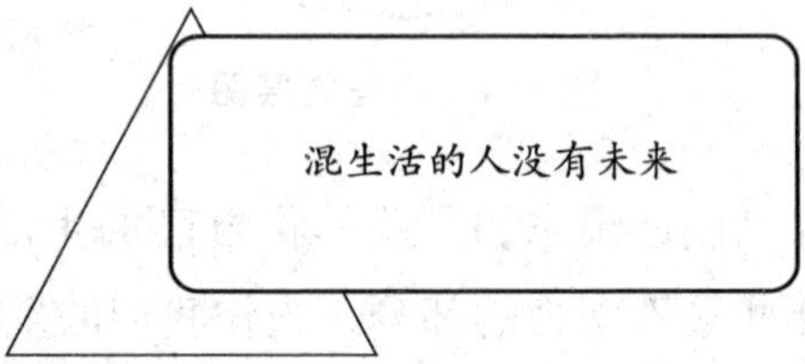

人难免有空虚心态和迷茫状态，做点有意义的事，才能走出迷雾。倘若暂时找不到大方向、大目标，不妨把目标定在身边、手头的小事上，研究一门学问，培养一个爱好，甚至养一盆花草，都能让人分散注意力，获得成就感。小目标实现得多，自然就会有更大的目标。

（2）丰富你的精神世界。平庸的行为来自平庸的思想，平庸的思想来自贫瘠的大脑，一个人倘若放弃学习和思考，将注定沦为平庸之辈。人们习惯性地把学习和学校联系在一起，认为完成学校教育之后，生活从此与学习无关，显然，他们一定没听过“终身教育”这个概念。

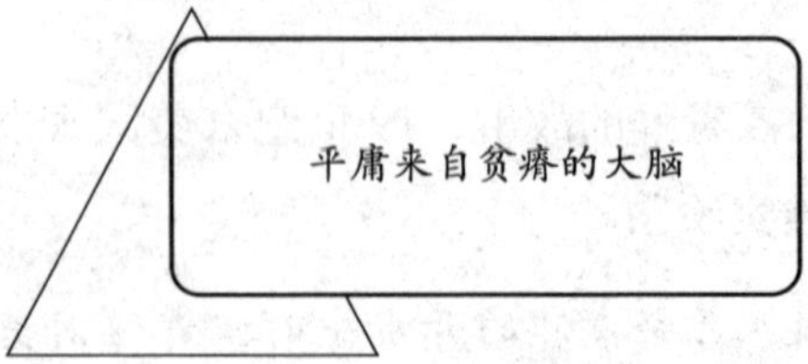

在一个知识大爆炸的时代，倘若不能及时补充新知识，你很快就会落

伍，成为老古董。学习，可以巩固知识基础，可以提高业务水平，可以增加晋升筹码，可以激发大脑创意。

学习与思考相辅相成，不断学习会给自己带来心理上的自信和实际行动的底气，这些很容易转化为人的成就。思考则让一个人更有深度、更有个性，进而形成个人魅力。

（3）有品质的生活。当人们放弃了追求，开始对现实妥协，他们的人生只能处处将就，最好的、最喜欢的和最适合的都被他们主动放弃了。而不将就的人，则会拥有心理上的成就感、满足感甚至优越感。

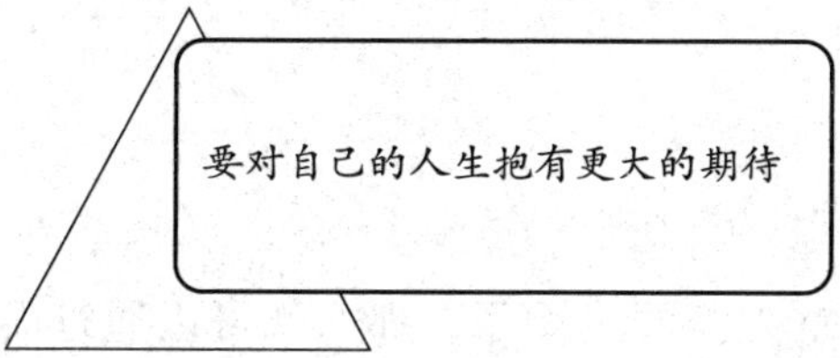

将就和不将就不仅是能力上的不同，还是努力的差别，更是价值观的不同。有些人始终在追求更高的目标，所以越来越不将就；有些人满足于现状，认为自己的能力和生活相匹配，宁愿不那么累。

当一个人安于现状、没有改变愿望又总是怕麻烦时，他会不会有好的人生？答案显然是否定的。

（4）有节制的社交。我们有大量时间与人相处，会自然而然地产生互动，和朋友之间有深层次的交流，和同事之间有公事或私事上的切磋，和认识的人之间有礼貌性的寒暄。有时，和陌生人还会有长时间的谈话，更不要说公事上接触的客户、通过朋友结识的朋友、与远亲近邻的关系、从小到大认识的人……我们生活在这个社会中，就不可能成为隐士。

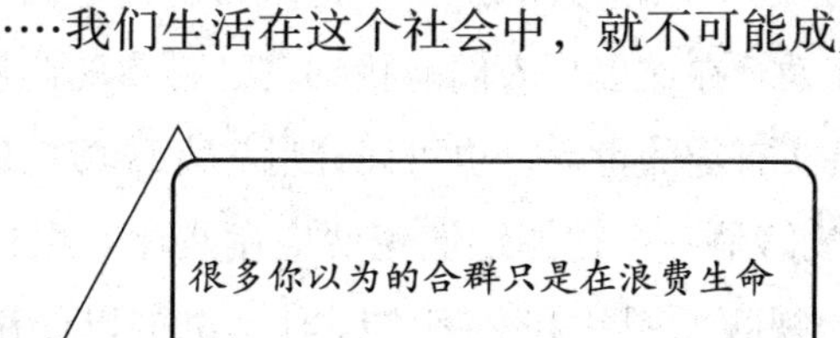

可是，你最终会发现，你以为的合群只是在浪费时间，因为但凡有点

成就的人，都多少有点不合群，就算表面上看起来合群，他们的内心也有自己坚持的目标。

许多人都听过“二八定律”，其实它适合于任何方面：20%的人占有80%的资产；80%的人在为20%的人服务。

作为一个进取的人，在设定自己新的目标后，就要离开原有的“舒适区”，就要去挑战自己原有的能力结构、智力水平、知识水平，拓展自己的各种资源。一个人敢于离开舒适区，需要有远大目标，有足够底气，还要有决心和坚忍的意志。

三、建圈子

1. 逛圈子

要了解圈子，首先需要逛圈子，那么，可以通过哪些途径逛圈子呢？将来最好的可能是5G，现在有的平台主要有：

（1）抖音。抖音是一款短视频社交软件，是一个专注于年轻人音乐短视频社区平台。用户可以通过这款软件选择歌曲、拍摄音乐短视频，简单编辑成自己的作品。抖音用户可以通过视频拍摄快慢、视频编辑、特效等技术让视频更具创造性，而不是简单地对嘴型。

通过抖音短视频应用程序，你可以分享你的生活，同时也可以在这里认识更多朋友，了解各种奇闻趣事。

（2）快手。快手是一款短视频社区，用于用户记录和分享工作、生活的平台。这款应用程序特点是技术赋能，用科技提升每个人独特的幸福感。

在快手上，用户可以用照片和短视频记录自己的生活点滴，也可以通过直播与粉丝实时互动。在这里，人们能找到自己喜欢的内容，找到自己感兴趣的人，看到更真实有趣的世界，也可以让世界发现真实有趣的自己。

（3）微信。微信是一个智能终端免费应用程序。微信通过网络快速发送免费语音短信、视频、图片和文字，同时，也可以使用通过共享流媒体内容的资料和基于位置的社交插件“摇一摇”“漂流瓶”“朋友圈”“公众号平台”“语音记事本”等服务插件。

微信提供公众平台、朋友圈、消息推送等功能，用户可以通过“摇一摇”“搜索号码”“附近的人”扫二维码等方式添加好友和关注公众平台。同时，微信可以将内容分享给好友以及将用户看到的精彩内容分享到微信朋友圈。

（4）微博。微博是一种基于用户关系信息分享、传播以及获取的通过关注机制分享简短实时信息的广播式的社交媒体、网络平台，用户可以通过PC、手机等多种移动终端接入，以文字、图片、视频等多媒体形式，实现信息的即时分享、传播互动。

2. 建圈子

如何建圈子？建圈子前先要做好以下准备：

（1）先破后立。破是驳斥对方观点，立是摆明自己的观点。从广义来说，破是指破坏掉旧的、腐朽的东西，立是指建立新的、适合时代潮流的、符合大众利益的东西。

我们如果要想进入一个新的高质量圈层，首先需要仔细分析原来的圈子，如果原来的圈子很low，就要坚决抛弃。毛泽东《新民主主义论》有这样一段论述：“不破不立，不塞不流，不止不行。”不破除旧的，就不能建立新的。伟人的教导不能忘记。

人是群居动物，群居决定了人脉的重要性，人脉往往对一个人的成功起着重要的作用。那么，该怎么发展自己的人脉呢？

一个著名的匈牙利作家提出了“六度人脉”理论。也就是说，最多通过六个人，你就能够认识任何一个陌生人。只要不超过六层关系就能达到你想认识那个人的目的。

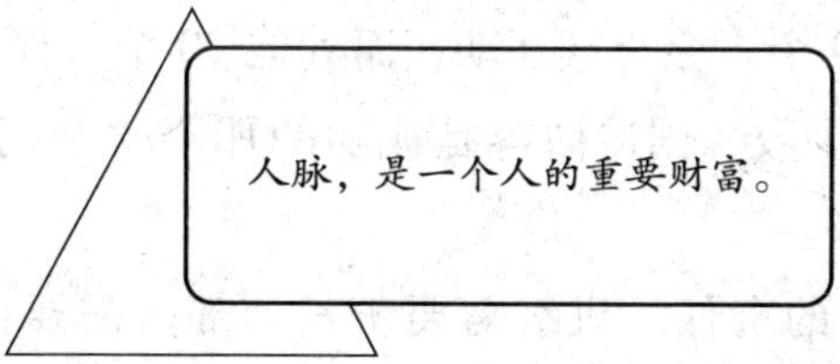

怎么发展自己的高端人脉？比如，你可以加入赛车群、哈雷群等高端群体。比如，一些搞摄影的人认识了一批摄友，这些摄友有些是离退休干部，和他们一起玩，能学到不少人生阅历。高尔夫是一项高贵优雅的绅士运动，“讲究”是参与者的显著特点。因为参与者大多是高端人士，高尔夫运动也就成了发展自己的高端人脉一种手段。

每个人身边都不缺朋友，却缺少一个玩伴，“玩”最容易让人与人产生感情，成为朋友。高端的圈子会给人带来更多的机遇，就像蚂蚁趴在大象背上，毫不费力就可以周游世界了，而大象丝毫没有感觉负担。所以，很多人喜欢结交更高层次的人脉。

（2）建立看法。在你还没有足够强大、足够优秀时，先不要急着去社交，而应该多花点时间学习，提高专业技能。提升自己，你的世界才能更大。你对专业领域的看法和理解，你对正在发生的热点见闻的观点和看法，决定了你的高度，也决定了你的圈层。

要时常去捕捉新知识、新概念，倒逼自己。在日常生活中，我们需要学会积累和具备探索精神，这样，你的观点才会慢慢地变得更专业、更独到，才能得到别人的认可，才能融入或建立更高级的圈子。

（3）树立勇气。一提起“做内容”，很多人的第一反应可能是本能地排斥，觉得自己不是段子手，不是作家，也不是剪辑师，不是创意人员，自己不会做内容，也很难产出那么多的内容。其实，内容并不是多么高深的东西，每天都有大量的内容产生。

你每天在微博、朋友圈中发的图片、文字，你旅行时拍下的照片分享到攻略平台都可以算作你生产的内容。只是你需要通过合适的方式和技巧，把你的观点、故事表达出来。

没有天生的内容高手，每个高手都是从0到1，再从1到100，到10000的结果。在内容领域，有个著名的“1%法则”，100个人中，只有1个人会创造内容，9个人会与其互动，而其他90个人仅仅是浏览。真正在创造内容的人是极少数，创造内容是成功的那个“窄门”，所以只要你开始写，你就是那1%。

（4）弄清群主的责任。班级需要班长，部落需要酋长，贴吧需要吧主，微信群也需要管理员来管理微信群的日常事务。作为群主，群主拥有群内的最高权限，掌管着群内生杀予夺的权力。群主还可以任命最多15名管理员，在群主因为私事繁忙而无法管理群内事务时可代替群主履行管理职责。另外，群主还有转让微信群的权力，即将自己在某个群的群主职务交给群内任意一人。转让之后，原群主将不再是群主，失去群主应有的权力与职责。而被转让群的人成为新的群主，行使群主应有的权限和应承担的责任。

具体责任有：

①负责群的管理，保持高级群对外公开，对加入群的人员进行严格的审查，保证高级群的质量。

②发布群的公告信息，有效组织群内活动讨论或者定期发起讨论。

③整理讨论结果发布到 BBS。

④发挥吉祥物作用，积极活跃群的气氛，对于优秀的活动进行推荐。

⑤照顾到每一个成员，不要让任何成员感到被忽略或者遭遇尴尬。

要注意的是，不管是普通用户或是会员都可以被设置为管理员。创建者可以删除任何帖子、任何照片、任何相册、任何个人名片，管理员拥有与创建者相同的权限。管理员能代替创建者在客户端行使通过其他用户要求加入群的验证的权力，但是其他管理员不能增加或者撤销管理员，这是普通管理员和群主（创建者）最重要也是最根本的区别。群主应对管理员在群内的行为负责。

第四节　终身学习

终身学习是指社会每个成员为适应社会发展和实现个体发展的需要，贯穿于人的一生的持续的学习过程。国际 21 世纪教育委员会在向联合国教科文组织提交的报告中指出："终身学习是 21 世纪人的通行证。"

一、读万卷书，行万里路

杜甫的《奉赠韦左丞丈二十二韵》中有这样一句诗："读书破万卷，下笔如有神。"说的是书读得多了，文章自然写得好。这句诗充分强调了学习的重要性。明朝著名画家董其昌在其《画禅室随笔》画诀中所说的"读万卷书，行万里路"则强调了实践的重要性。读万卷书，会让自己才识过人；行万里路，会让自己的所学在生活中体现出来，同时增长见识，也就是理论结合实际，学以致用。

对于一个人来说，“读万卷书”与“行万里路”哪个更重要？这是个有趣的话题，也是很多人都会思考和遇到的问题。有这样一句话：“读万卷书不如行万里路，行万里路不如阅人无数，阅人无数不如名师指路，名师指路不如自己去悟。”作为企业管理者，没有学以致用的“万里路”实践精神，光有“读万卷书”学习精神是万万不行的。这也是很多高学历者自己创业屡屡失败，管理企业又不尽人意的重要原因。

二、三人行，必有我师

《论语·述而》有云：“三人行，必有我师。”意思是说：别人的言行举止，必定有值得我学习的地方。这是一种正确的学习态度和学习方法。个人要成长，必须不断向他人学习，向先进者学习。

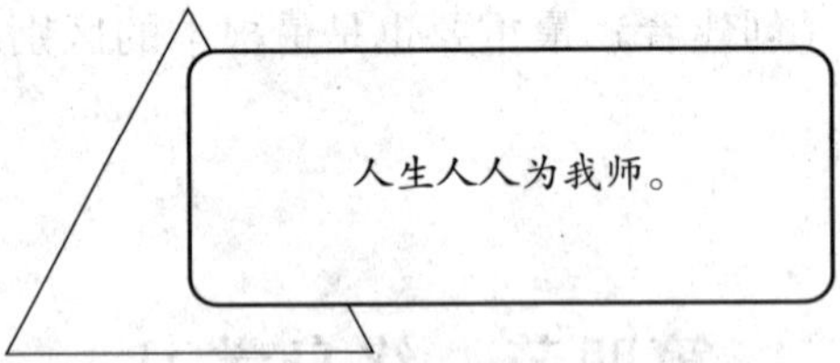

1. 四类人

我认为，根据其学习的悟性高低，人可以归结为以下四类。

（1）生而知之者。生而知之者悟性高、领悟能力强、无师自通，知道人生的方向在哪里，知道如何去实现人生的目标。这种人能力强，事业顺利，属于社会精英。

（2）学而知之者。这类人虽然悟性不是很高，但如果遇见生命中的贵人，给予他应有的指引，他能够听进去，就会少走很多弯路，事业也会小有所成。

（3）学而不知者。这种人十分固执，听不进劝告，不撞南墙不回头，故而做什么事情都是事倍功半。

（4）不学不知者。这是一条道走到黑的人。这种人智力差，不勤奋，浑浑噩噩，得过且过，一生都会生活在社会最底层。

如果我们不是悟性高的人，我们一定要争取多向高人学习，而不要固执地非要自己去闯一闯，更不要一条道走到黑。

2. 人生处处皆贵人

生活中任何人都离不开人际交往，交到好的朋友，不但可以丰富我们的生活，也是我们遇到困难时的一种外力储备。因此，我们应该经营好自己的人脉关系。然而，生活中却总会有些人会扰乱你的生活，拉低你的层次，甚至摧毁你的人生。所以，在人际交往方面，要远离奸佞，接近贵人。

（1）贪婪、刻薄的人，不要与之来往。不要与贪婪无度的人一起合作共事，因为这些人都有见利忘义的恶习，只要稍不注意，就可能被他们出卖。在这些人眼里，利益永远大于友谊，蝇头小利都可以使他们轻易抛弃朋友。

过于贪图利益的人目光短浅，不具备远大的格局与胸襟，这种人通常很自私，根本不懂得合作共赢，为了个人利益可以损害公司利益，与他们合作很难成功。和他们在一起，只会破坏你的好心情，影响你的生活质量。越早远离这些人，人生道路也就越顺畅。

（2）与生性多疑的人共事不会成功。生活中有些人生性多疑，喜欢以小人之心度君子之腹，自己心怀鬼胎，便认为别人跟自己一样心理阴暗，总是疑神疑鬼，与之合作不但很累，最后很可能是不欢而散。

（3）远离习惯于别人的帮助而又不懂得感恩的人。生活中有这样一类人，他们习惯求助于别人，遇到问题首先不是想着自己怎么解决，而是等着别人给予帮助。他们把别人的帮助看成理所应当，所以也就没想过要报答，甚至内心没有一丝感恩之心。帮助了这种人不但得不到感激，反而可能被他们黏着甩不掉。远离这种人，就是远离了灾难。

无论是哪一种小人，都不能与之过于亲近，更不要与之共事，而要远离他们。在创业中切忌之合作，在职场上不要与之共事，如此，就会远离小人，而遇到贵人的概率也会大大增加，事业成功都的概率也会大增。

3. 否定+颠覆=创新

创新就是创建新的模式，包括开发新产品，更新产品、服务，扩大市场，采用新的生产方法，建立新的管理体系等。它是以新思维模式、见解为导向，利用现有的知识和物质，在新的环境中，本着满足社会需求而改进或创造新的产品、方法、路径，并能获得经济效益的行为。创新包括三层含义：一是改变；二是更新；三是创造新的事物。

以前常有人取笑日本只会抄袭、模仿，但虽然是美国发明了第一台数码相机，但在全球销售榜排名较靠前的却是日本公司，如佳能、尼康；虽然电子表是瑞士人发明的，但世界著名的电子表却是日本的卡西欧；液晶显示器是美国人发明的，但先将液晶应用到显示器领域并做得最好的却是日本夏普。可见，一个产品到底是谁发明的并不是最重要的，重要的是谁优化和应用了它。所以，在别人的基础上加上自己的创意，也是一种创新。如果什么都要自己去发明、去创造，投入成本一定很大，经济上并不划算，故而“模仿+改良”不失为一种很好的创新。

如果说过去的创新模式是“模仿+改良”，那么，未来的创新模式就是“否定+颠覆”。如果总是跟在别人后面亦步亦趋、墨守成规，你肯定做不成优秀的企业，也开发不出顶尖的产品。如果总跟在别人后面走，看起来很省力，不用投入巨资去发明创造，把别人的拿过来就可以用。这种模式只会永远处于产业链的下游，挣的是微不足道的几个加工费，久而久之大家就习惯了，就会在国际市场上失去话语权、主导权和定价权。

山寨的东西做得再好，也不值得津津乐道。它会慢慢地摧毁一个国家的企业创新意识，制约着企业的健康发展。所以，未来经济的发展需要企业真正的创新，要在产品发明创造上下功夫，进行颠覆性创新。

那么，要想进行颠覆性创新，就需要练就自己的基本功。具体而言，要做到以下8点：

（1）充分自信。要相信自己可以胜过别人，要听得进别人的意见，尤其是反对意见和批评，能把各种建议整合起来，做出更符合市场需要的产品。另外，只有自信的人才敢走自己独特的道路，不会在意别人的议论，不强求别人的认同。

（2）勇于质疑。企业家要给予科研人员一个宽松的环境，要宽容、包容不同意见，要鼓励科研和设计人员挑战权威、专家，挑战名牌，不盲目迷信权威，人云亦云，而是遇到问题就去调查研究，了解市场需求和客户反应，做出科学决策。

（3）追求超越。颠覆性创新要在某一局部或领域领先别人，实现点的突破。企业家要敢于高端定位，具有世界视野，反对亦步亦趋，按照寻找产品创新源泉的方法，找到目标客户未被满足的需求，脚踏实地做事。一旦在点上实现突破，就可以不断扩大范围，稳扎稳打，不断进步。

（4）模式创新。要想超越对手，就不能走老路。要学会从不同的角度和方向看问题，另辟蹊径。如果只是模仿抄袭，回报就不会高。创新不但可以通过找到差异化的价值点来形成吸力，也可以找到狙击竞争对手模仿抄袭的壁垒，形成阻力。

（5）重视人才。创新不能靠个别人去挖空心思，而是要依靠团队的智慧，通过科学的方法以及规范的流程来实现。当然，对于特别出色的人才，要舍得花大价钱挖过来。

（6）利他动机。不管是什么样的产品创新，都要有利他精神，这是企业发展的基础，也是企业家和商人的根本性区别所在。商人只会自己努力赚钱，企业家就要为社会做贡献，要站在客户的立场上去发现问题、解决问题，最后才能为人民服务。

（7）跨界组合。企业界的颠覆性创新，大多数都是 A+B=C 模式，因为在某一点上实现突破会非常难，但把不同的模式进行组合，就容易创造出新的东西，云南白药牙膏、金嗓子喉宝、雅克 V9 无不如此。因为创造不需要完全打碎旧的东西，它可以在现有产品的基础上进行重组，创造出新的品类。

（8）超值回报。未来中国企业的头等大事是从薄利多销转化为厚利经营，这需要进行思想观念的彻底转变。单纯依靠物美价廉已经无法满足客户的需求，只有懂得创新，以厚利经营模式为主导，才有可能征服世界。

总之，只要愿意改变思维模式，按照上述要素去做提高自己的基本功，颠覆性创新就可以实现，占领未来世界市场的理想就会实现。

三、知行合一，学以致用

1. 学习就是生产未来的生产力

学习的意义是什么？学习知识可以让我们成为一个明知事理的人，学习可以锻炼我们的逻辑思维能力，学习可以丰富我们的生活和社会经验，总之，学习就是生产未来的生产力。

2. 学而时习之

“学而时习之，不亦说乎？”出自孔子的《论语》，成为千古名句，代代相传。但对这句话，不同的人有不同的解读。对于“学而时习之，不亦说乎？”字面上的解释主要有以下几种不同见解：

（1）小学语文教材的解释是：学习并时常复习，不是很快乐吗？

（2）部分学者的解释是：学到了知识或本领以后按一定的时间去复习，不也是令人愉悦的吗？

（3）朱熹在《四书集注》中的见解是：学而又时时习之，则所学者熟，而中心喜说，其进自不能已矣。

（4）杨伯峻在《论语译注》中解释是：学了，然后按一定的时间去实习它，不也很高兴吗？

笔者更赞同杨伯峻的解读：学习后一定要去实习。“学”是一个环节，“习”又是另一个环节；“学”只是手段，“习”才是目的。

3. 知行合一

知行合一的意思是认识事物的道理与实行其事，是密不可分的一回事。知是指良知，行是指人的实践，知与行的合一既不是以知来吞并行，认为知便是行，也不是以行来吞并知，认为行便是知。这是由明朝思想家王守仁提出来的，即认识事物的道理与在现实中运用此道理，是密不可分的。这是中国古代哲学中认识论和实践论的命题，主要是关于道德修养、道德实践方面的。中国古代哲学家认为，不仅要认识（“知”），尤其应当实践（“行”），只有把“知”和“行”统一起来，才能称得上“善”。

李嘉诚在读了《淡紫色》一书后点评道：“没有实验，我便一无是处，尝试再尝试，谁知道什么是可能的。”李嘉诚之所以成为亿万富翁，很大程度上得益于他读了价值300亿元的图书，这些书主要包括传记、历史、哲学、经管四大类。可以说，李嘉诚是知行合一的典型代表。

4. 学习是改变人生的唯一通道

“学习不一定成功，要成功必须学习。”想要改变命运，必须“更新认知”，而“更新认知”的捷径是学习，故而学习是改变人生唯一的途径。任何靠着运气改变境遇但没有更新认知的境况，都会被残酷地打回原点。

“更新认知”的方法有两个，就是通过读书和实践。用行动和实践来提升认知是很重要的，当然它的时间成本是很高的，风险成本也大。而学习可以说是成本最低、风险最小、更新最快的认知提升途径。所以，学习是改变人生轨迹的推力。

不管遇到什么困扰，无论是心理上的还是知识上的，都要怀着问题从书中去找答案。有时找不到人可以诉说自己的困扰，但书籍却能够像无所不能的老师和朋友一样，可以拯救你的迷茫，不仅回答你的问题，还总能在新的领域打开窗口，让你产生新的疑问，然后再根据新的问题继续去学习，逐渐就构成了一个知识和兴趣的链条。

5. 有效学习

现在很多人都在认真学习，但是也仅仅只是学习而已，效果怎么样就不得而知了。为什么呢？因为学习有“有效学习”和“无效学习”之分。

（1）为什么要强调有效学习？这是一个知识快速迭代的时代。在18世纪，知识更新周期为80~90年；19世纪缩短为30年；20世纪60年代，一般学科的知识更新周期为5~10年，而进入21世纪，知识更新周期已缩短至2~3年。你能想象吗？你三年前学的东西，现在可能已经过时或者没用了。

知识折旧的速度越来越快，我们要想跟上它的节奏，只能成为一名终身学习者，啃老书、抖老料已经完全行不通了。而在终身学习的时代，如何有效学习就变成了首先面临的问题。

毋庸置疑，这是一个时间极度碎片化的时代，高压历的工作、琐碎的家务事、充满诱惑力的网络和手机都在拼命挤占我们的时间，当时间被压缩分割成碎片，你必须找到更加省时、省力的学习模式。

同时，这还是一个海量信息的时代，世界很大，信息无限，但我们的智慧有限。只有掌握了更有效的学习方法，才能在有限的时间里，把自己的认知水平比别人多往前推进一厘米。

迭代快速、时间碎片、信息海量，想要在这个庞大快速的世界脱颖而出，你只有知晓如何有效学习，才能快人一步。一旦学会了如何学习，你就可以学习任何事物。学习能力，将是你宝贵的“终极生存技能”。

（2）怎么才能做到有效学习？学习是一个过程、一种方法、一套理解事物的体系，它是一个循序渐进的过程。有效学习有6个步骤，分别是：动机、目标、提升、实践、融合、反思。

①动机。动机就是明确学习的目的。学习总要有个目的，如果我们本身不想学一件事物，那么是不太可能学会的，更谈不上精通了。只有我们清楚地认识到，我们打算要学的知识和技能是有价值的，才会乐于学习。

大多数人会遇到一个问题——有的知识我们必须学，但却真的不知道学了有什么用，比如很多人就不理解学数学的意义。但在《有效学习》一书里，作者建议我们，要主动找到学习内容和与自己的相关性，找到所学的专业技能对自己的重要意义，把学习内容和感兴趣的事物建立起联系。

②目标。设定目标也有相应的技巧，例如目标要清晰具象、容易衡量、不能太大。你与其设定一个“我要学会写作”的目标，不如设定“我每周要写满3000字”的目标，这样清晰、易衡量的小目标更容易实现。而为了让你学习得更快，在设定目标的时候，你所设定的目标要超过你比较容易做到的水平，也可以说是要突破你的舒适区，你的目标比你能适应的情形应该稍稍难一点，如此一来，你只要勇敢地踮踮脚尖，就能够得到。

③提升。在这个学习阶段，我们需要通过一些有针对性的练习、专门的时间段来打磨技巧，从而提升技能水平。最好的方式就是有效反馈。举个例子，张三和李四同时看一篇文章，张三看完就结束了，但李四看完后，问了自己好几个问题，那么，李四对文章肯定了解得更深入。这其实就是一种学习反馈方式。通过学习反馈，我们能快速知道自己的不足。

④实践。我们常说要“知行合一”，只是知道却没有实践，就会造成“道理懂了，事情却没有做好”的情况。只有把所学的知识和技能运用到实践中去，我们才会加深对知识和技能实际意义的理解。好比你了解了不少写作技巧，那就要把写作技巧运用到具体的写作之中，只有这样才能检验自己是否把知识学到家了。学习其他知识也是如此，只有通过技能的运用，你才能收获更多。

⑤融合。学习如果不融合，掌握的就是零零散散的一些知识点，构不

成知识体系。我们要把自己的知识进行梳理，形成一个体系。为了形成体系化，可以采用概念图，也就是我们常说的思维导图。通过线条、图形把知识和技能之间的关系表现出来，在这个过程中，我们的思路就会更加清晰，也可以一目了然地看到哪些知识技能之间存在交叉。

⑥反思。在学习过程中，我们很容易犯错误或者过度自信，因此我们需要回顾知识，重新审视自己对知识的理解。在反思过程中，有个好方法，就是和拥有不同背景的人进行“头脑风暴”。你可能觉得自己对某个知识点了解得很深入，但往往在这样的交流中，你把自己的思维暴露于不同的思维方式之中，就会迸发出不一般的收获。

最后需要强调的是，以上这些步骤并不一定总是按照既定顺序发生的，但不论你是运用到哪几项技巧，反思都是千万不能漏掉的一环。有效的学习方法绝对不仅仅是为了提高考试分数，它还会让你更具竞争力，让你拥有更高的收入，甚至还会让你感到更幸福。

总之，学习能力是生活在21世纪的每个人不可或缺的基本能力。拥有学习能力、懂得有效学习的人，能让你拥有终极竞争力的武器，有了它，你才能永远不被这个社会淘汰。

第五节 取势明道

“取势明道”语出《道德经》，取势、明道、优术分别代表三个层面的东西，是作为公司领头人需要谨记的东西。“取势、明道、优术”这几个字，揭示了一个团队发展所必须具备的条件和能力。在这其中蕴藏了丰富的哲理，是值得每一个人和每一个团队去细细品味和深思的。

取势——“势”是大的发展趋势和各级政策导向，具体来说，就是市场形势和政府政策。“势”往往无形，却具有方向，顺势而上则事半功倍，逆势而动则事倍功半。

明道——“道为术之灵，术为道之体；以道统术，以术得道”；道是理念、规律、原则。对于公司而言，“道”可以理解为所要走的战略路线，也可以理解为人生的价值观和命运曲线。对于大众而言，“明道”就是加强理论研修，学习新理念、领悟新理论。对于公司而言，“明道”就是要明确自己的战略和方向，对于人生而言，就是要摆正自己的人生观和价值观。

优术——“术”是能力，能力是知识、方法、策略和经验的集合体，术是智慧转化为具体的操作方法。三百六十行皆有不同的方法和经验，有不同的针对性，但是确有精妙的相通之处。“术”也是解决实际问题的流程和策略，是可以提高效果和效率的技巧。

“优术”就是不断提升方法，探索和积累实用的策略，积淀适合于自己的经验，当然还要持续更新所需要的信息技术知识技能。要做到取势明道，必须慎思之，明辨之；审问之，笃行之；取其优，借其势。

《小戴礼记、小宋礼记》有云：“博学之，审问之，慎思之，明辨之，笃行之。”博学，学习要广泛涉猎；审问，有针对性地提问请教；慎思，学会周全地思考；明辨，形成清晰的判断力；笃行，用学习得来的知识和思想指导实践。古人对于学习的五个态度，值得我们认真思考和效仿。

一、慎思之，明辨之

“慎思”就是有所不明就要追问到底，要对所学加以怀疑。问过以后，还要通过自己的思想活动来仔细考察、分析，否则，所学不能为自己所用。“明辨”是越辨越明的意思。不辨，则所谓“博学”就会鱼龙混杂，真伪难辨，良莠不分。

公元前314年，燕国发生了内乱，临近的齐国乘机出兵，侵占了燕国的部分领土。

燕昭王当了国君以后，消除了内乱，决心招纳天下有才能的人，振兴燕国，夺回失去的土地。虽然燕昭王有这样的号召，但并没有多少人投奔他。于是，燕昭王就去向一个叫郭隗的人请教，向他请教怎样才能得到贤良的人。

郭隗给燕昭王讲了一个故事说：从前有一位国君，愿意用千金买一匹千里马。可是3年过去了，一匹千里马也没有买到。这位国君手下有一位不出名的人，自告奋勇请求去买千里马，国君同意了。这个人用了3个月的时间，打听到某处人家有一匹良马。可是，等他赶到这一家时，马已经死了。于是，他就用500金买了马的骨头，回去献给了国君。国君看了用很贵的价钱买的马骨头，很不高兴。买马骨的人却说，我这样做，是为了让天下人都知道，大王您是真心实意地想出高价钱买马，并不是欺骗别人。果然，不到一年时间，就有人送来了3匹千里马。

郭隗讲完上面的故事，又对燕昭王说："大王要是真心想得人才，也要像买千里马的国君那样，让天下人知道您是真心求贤。您可以先从我开始，人们看到像我这样的人都能得到重用，比我更有才能的人就会来投奔您。"燕昭王认为有理，就拜郭隗为师，还给他优厚的俸禄，并让他修筑了"黄金台"，作为招纳天下贤士人才的地方。

消息传出去不久，就有一些有才干的名人贤士纷纷前来，表示愿意帮助燕昭王治理国家。经过20多年的努力，燕国终于强盛起来，终于打败了齐国，夺回了被占领的土地。①

这个"千金买骨"的故事，很好地说明了"慎思之，明辨之"的作用。

二、审问之，笃行之

有针对性地提问请教了问题，弄清了道理并不是我们的目的，最终的目的必须运用于实践——"笃行之"。

《元史·张特立传》有载：张特立"白首穷经，诲人不倦，无过不及，学者宗之。"张特立通晓易经，坚持修身养性。虽然年过七十，仍然研究经籍，并教授学生。世祖忽必烈很赞赏张特立，曾三次传下圣旨称道他的"活到老学到老"的好学精神。张特立是一个"博学之，审问之"的典型。②

"笃行"就是既然学有所得，就要努力践履所学，使所学最终有所落实，做到"知行合一"。"笃"有忠贞不渝、踏踏实实、一心一意、坚持不懈之意。只有有了明确的目标、坚定的意志的人，才能真正做到"笃行"。

① 百度百科．千金买骨［EB/OL］．（2019-12-4）［2019-12-15］https：//baike. baidu. com/item/%E5%8D%83%E9%87%91%E4%B9%B0%E9%AA%A8/7506623？fr=aladdin.

② （明）宋濂，等．元史·张特立传［M］．北京：中华书局，2016：4.

齐白石幼年时就热爱学习，但是因为家里穷，需要劳动力，所以才念了一年的书就被迫辍学，帮助父亲放牛、砍柴。他 12 岁的时候，父亲把他送到叔祖父家里去当木匠学徒，15 岁以后转学雕花木工，雕刻家具上精细的花纹。

从此，齐白石对篆刻产生了浓厚的兴趣，决心要好好学习这门技术。有一天，他向一位老篆刻家求教。老篆刻家说："你去挑一担础石，等础石都变成了泥浆，那时你的印就刻好了。"

齐白石果然去挑了一担础石回来，夜以继日地刻着，一边刻，一边拿着古代篆刻艺术品来对照琢磨。刻了磨平，磨平了又刻，手上起了血泡也不顾。就这样日复一日、年复一年，础石越来越小，而地上淤积的泥浆却越来越多。最后，一担础石全部化为了泥浆。齐白石的篆刻艺术也在磨炼中不断长进，达到了炉火纯青的境地。

古有李白铁杵磨成针，今有齐白石础石磨成泥，不管是李白还是齐白石，他们的伟大成就都是与平时一点一滴的勤奋分不开的，也是与他们将理想"笃行之"分不开的。①

三、取其优，借其势

现在社会是知识爆炸时代、信息爆炸时代，面对繁复的世界，我们需要博采众长"取其优"。

马南邨在《不要秘诀的秘诀》一书中说道："我们现在提倡读书要用批判的眼光，要取其精华，去其糟粕。"这是一种科学的态度。实际上古人早就说了，"择其善者而从之，择其不善者而改之"。"取其优"只是学习方法的一个方面，更重要的是"借其势"。

1. 趋势、优势、借势

什么是"趋势"？趋势就是事物表现出来的发展趋向。孙中山先生曾说："世界趋势浩浩荡荡，顺之者昌，逆之者亡。"优势就是能超过对方的有利形势，我们要借助外界趋势，形成自己的优势。形成优势的手段之一

① 百度文库．哲理故事（勤奋篇）［EB/OL］.（2015-2-5）［2019-12-15］https：//wenku. baidu. com/view/24ce3a654431b90d6d85c74c. html.

就是借势。所谓借势，就是指企业及时地抓住广受关注的社会新闻、事件以及人物的明星效应等，结合企业或产品在传播上欲达到之目的而展开的一系列相关活动。

2. 好风凭借力

清代曹雪芹在其所作的《临江仙·柳絮》中写道："万缕千丝终不改，任他随聚随分；韶华休笑本无根；好风凭借力，送我上青云。"我们正处在改革开放的大好年代，正处在农牧业升级换代的大好时代，只要我们"好风凭借力"，必然会"送我上青云"。

第二章 目 标

建立目标是一种平衡：在企业成果与遵循人们所相信的原则之间的平衡，在企业当前需要与长远需要之间的平衡，在期望的结果与可用的资源之间的平衡。

——P. 德鲁克

进步，意味着目标不断前移，阶段不断更新，它的视野总是不断变化的。

——雨果

管理是一个过程，通过它，大量互无关系的资源得以结合成为一个实现预定目标的总体。

——卡斯特

目标是对活动预期结果的主观设想，也是活动的预期目的。它具有以下五个作用：指明方向、激励作用、凝聚作用、决策标准和考核依据。

目标管理是企业管理层制定整个企业要在一定期限内达到的总目标，然后由各部门根据企业总目标，分解成各自的分目标，并组织员工积极主动地设法实现这些目标的管理方法。

下面逐一介绍目标管理的五大流程：方向选择、目标定义、阶段划分、责任落实、目标认同。

——本书作者

第一节　直抵风口

时下有句著名的语录——“站在台风口，猪都能飞上天”。这句话很好地阐释了趋势的重要作用。因为风口就是产业发展的方向，是政策鼓励的方向，也是资本集中的方向，所以，企业发展方向的选择必须直抵风口。

一、方向不对，努力白费

很多鸡汤文章常说“贵在坚持”，但我要说的是：做企业，不管是什么行业，如果你在这一行业坚持了一定时间还是原地踏步，没有什么改变，那么你就该放弃，因为这说明你努力的方向不对。一味地坚持，不是有毅力的表现，而是缺乏灵便的表现。

魏王欲攻邯郸，季梁闻之，中道而反，衣焦不申，头尘不去，往见王曰：“今者臣来，见人于大行，方北面而持其驾，告臣曰：‘我欲之楚。’臣曰：‘君之楚，将奚为北面？’曰：‘吾马良。’臣曰：‘马虽良，此非楚之路也。’曰：‘吾用多。’臣曰：‘用虽多，此非楚之路也。’曰：‘吾御者善。’此数者愈善，而离楚愈远耳。今王动欲成霸王，举欲信于天下。恃王国之大，兵之精锐，而攻邯郸，以广尊名。王之动愈数，而离王愈远耳。犹至楚而北行也。”此所谓南其辕而北其辙也。①

这个故事告诉我们，方向错了，越是努力，距离目标就会越远。

① 百度百科．南辕北辙［EB/OL］.（2019-12-6）［2019-12-15］https：//baike. baidu. com/item/%E5%8D%97%E8%BE%95%E5%8C%97%E8%BE%99/827866？fr=aladdin.

二、选择比努力更重要

为什么选择比努力更重要？因为选择的背后其实是你的综合性判断，要做好选择，必须有四个方面作为积淀。

1. 见识

什么是见识？见识就是明智地、正确地作出判断及认识的能力。一个人的抉择水平高低的背后隐含着一个人的见识。没有见识，可能就没有办法做好真正的选择。见识是我们做好选择的前提，也是一个人的底蕴与积淀。

认识事物的方式方法有很多种，我们往往局限于过往的常识，如果认识到一些超越过往常识的东西，也就长了见识。见识的来源可以是工作的场合，可以是活动的场面，可以是旅游所见，还可以是阅读或闲谈所得。所有让你觉得新鲜、羡慕、佩服、欢喜的场域或知识都是在增长你的见识。

从经验中或者耳濡目染中无形中形成的这些见识，这种多年来的不同见识的积淀，让我们能够快速对事情的选择有一个准确的判断。

2. 判断力

判断力就是人对现实进行判断，从而做出一定选择的行为方式。判断力是通过选择和抉择的形式将其价值观付诸在事件上的性格体现能力。

要想做好选择，我们必须有清晰的判断力。实际上，判断力就是基于你对事情大概率的判断。概率论强调，生活是一种各项条件的随机概率分布。比如我们看到一个人做成了一件事，必须了解到每个人的成功可能是无法复制的。他做成的这件事我们可以学会进行拆分，包括趋势的作用、个人能力作用、努力的作用、人脉的作用、运气等方面的因素。我们只有对这个事情进行拆分，才会对这个人的成功有较为准确的认识，他的成功更多是基于哪方面，占的比率是多少。

我们需要了解的是，过去的每件事都是一种众多结果的可能之一，没有一件事是必然要发生的。当我们对事物在概率的基础进行区分，才会有较强的判断力，更重要的是不会人云亦云，会有自己独特的定见。

3. 决策力

决策是组织或个人为了实现某种目标而对未来一定时期内有关活动的方

向、内容及方式进行选择或调整的过程，也就是人们在行动之前对行动目标与手段的探索、判断和选择。决策力就是作出决定或选择的能力，它是指通过分析、比较，在若干种可供选择的方案中选定最优方案的过程。

我们要做好选择，必须有决策力，如果没有果断的执行力，你的选择依然没有发挥最好的作用。决策是选择最后一个环节，但是却考验我们对信息的通透理解，对风险的评估，对事情走向的准确判断。每个事情的发生都是有规律可循的，比如历史发展就呈现周期律。任何事物的发展并不是完全随机的，而是有规律可循的。智慧的人会通过对趋势与规律的判断、解读，找到事物正处于哪一种状态，从而拥有较大的赢面。

我们常常认为企业家具有冒险精神，其实从某种意义上来说，是因为他们懂得选择的方式方法，会把握住机会。这就是选择比努力更重要的原因。一个人有良好的选择力，必然是基于他有良好的见识与视野，也是基于他的综合分析能力和他对世界规律趋势把握。当我们懂得了这些，我们就能真正做好一个选择，也才能让我们的选择大于努力。

4. 视野

什么是视野？视野就是对世界深度与广度的认识。没有视野作为积淀，我们依然无法做好选择。

2010年3月3日，雷军正式创立小米公司。创办小米时，雷军刚过不惑之年，小米是他最后一次创业，是积累了20年的商业经验之后“毕其功于一役”的一次全新尝试。

雷军前面十几年在金山练基本功，后面几年练了一些无形的功夫，直到感觉自己准备好了，才出来做小米。

这些“无形的东西”，不仅是雷军对人生的感悟，更是他经营管理经验的积累，他真正领悟了任何时候都要顺势而为，而不能逆势而动。

2007年底，“金山”上市两个月之后，雷军辞去金山总裁与CEO职务。离开金山，这让雷军从习惯的枷锁中解脱出来。正是这一次的离开，成就了雷军的脱胎换骨。

雷军最后想明白了两点：一是成功仅仅靠勤奋是不够的；二是要找到蓝海市场就要顺势而为。

雷军认识到，要大成，就要顺应大势。当他有上述认识时，说明他真正攀上了巅峰。这里的“巅峰”不是指企业做得多大，而是指作为企业领导人是否真正认识了企业成功之道，是否认识了企业成功的规律。如果思想认识不足，即使企业偶然成功，最终也会从巅峰跌落下来。①

三、只有想不到，没有做不到

不要怀疑自己行不行，只要问自己想不想。如果你想，你就一定行。永远牢记自己希冀的目标，而不要为目标太高而恐惧。

不为失败找理由，要为成功找方法；世上没有绝望的处境，只有对处境绝望的人。没有一种不通过奋斗就可以征服的命运。只有一条路不能选择，那就是放弃；只有一条路不能拒绝，那就是成功的路。万里长征，一步步也能走完；再短的路程，不迈开双脚也无法到达目的地。

比如现代科技，使人类实现了飞天梦、下海梦、入地梦，并且足不出户，就可以瞬间知晓天下事；足不出户，就可以遨游神州，玩遍世界的名胜古迹和名山大川；足不出户，就可以和远在天边的亲人朋友面对面地聊天，而没有任何的距离感。

40 年前，我们最主要的通讯联系方式，就是书信往来。一封写好的信，即便只有几百公里，从邮局寄出去，至少也需要半个多月的时间才能收到回信。信件在邮寄的过程中石沉大海，渺无音讯的事情也是经常发生的。一旦信件丢失，不但耽误事，还常常发生一些不必要的误会。

如今，移动互联网通讯的出现，使我们的联系无处不在。完全没有了时空的障碍，不管是在国内还是在海外，联系就在一瞬间，并且联系方式任你选，可以发信息，可以语音通电话，可以视频面对面，也可以微信聊天，等等。如此发达的通信手段，是我们的前辈所无法想象的。这在古人看来简直就像神话一样，不可思议。如今，就是这个不可思议的神话，已经变成了现实，成了我们生活的必需品。所以，只有想不到，没有做不到。

---

① 书生在野．如果你知道雷军的过去，就不难理解小米的成功，饥饿营销只是表象［EB/OL］.（2017-2-5）［2019-12-15］http：//mini. eastday. com/a/171220165608756. html.

第二节 描绘蓝图

确定目标是主客观条件的统一过程，即主观的需要以及主观条件与客观环境的有机结合，因此，按“充分、必要”的原则处理好目标和条件的关系，是正确确定目标、保证管理绩效的基础。领导层的要求、主观条件和其他客观因素，就是确定目标的依据。

一、以终为始

史蒂芬·柯维在《高效人士的七个习惯》中将“以终为始”称为第二个习惯。以终为始，即根据预期结果做开始，是一种能够更好达成目标的手段。史蒂芬·柯维指出：“以终为始，所有事物都经过两次创造，首先是在脑海里酝酿，其次才是实质的创造。个人、家庭、团队和组织在做任何计划时，均先拟出愿景和目标，并据此塑造未来，全心专注于自己最重视的原则、价值观、关系及目标之上。”领导工作的核心就是在共有的使命、愿景和价值观的基础之上创造出一种文化。

以终为始，就是告诉我们做事要先有心智创造，后才有实际创造。心智就是你的想法、观点和动机，远期目标决定未来的趋向，所以在做事情之前应该先规划如何发展，明白自己想要取得的成就是什么，多问问自己：“我所珍视并拥有的是什么?”“哪些品质是我想去拥有或去效仿的?”“我想为社会创造些什么？留下些什么?”这样，在你做事情前给自己定一个目标，明白自己的愿景在哪里，然后坚持不懈地去达成目标。

二、战略地图

战略地图是由美国知名管理学教授罗伯特·S. 卡普兰、戴维·P. 诺顿提出的，为企业全面描述战略和年度经营计划提供了很好的工具，有利于管理者和员工共同认识发展战略和经营计划。

1. 战略地图基本构成

战略地图通常由财务、顾客、内部流程、学习与成长四个层面构成，这四个层面要求企业经营必须围绕四个核心问题展开：

（1）要使我们的股东满意，我们必须达成什么样的财务目标？以财务数据为核心，就是进行业绩评价的时候，要从股东及出资人的角度出发，满足投资人和股东的期望。

（2）要达成我们的财务目标，我们必须满足客户怎样的需求？为了完成财务指标，企业必须进行有效的市场细分，找准自己的目标客户群，明确公司的现有客户群体和潜在客户群体，进而根据目标客户制定适当的市场策略，提高客户对产品的满意度和市场占有率。

（3）要使我们的客户和股东满意，我们需要在哪些内部运作及流程上超越他人？战略地图认为，所有顾客的满意和财务目标的实现，都主要归功于公司内部运作的高效和有序。如果没有内部完善的运作流程，怎么能谈得上为客户提供及时、准确的服务？又如何能快速、高效地将公司的产品推向市场并让消费者认同呢？企业要通过内部运作达到超越竞争对手的目的，使自己的产品质量更高、成本更低、交期更有保证、服务更可靠，将内部整体运作绩效变为公司的核心竞争力。

（4）要达成我们的目标，我们的员工应如何学习与成长？企业需要根据战略要求和经营重点，随时打造符合公司战略要求的员工队伍。一旦企业的战略重点发生调整，公司的运作模式、组织流程就会随之发生调整，相应的，也就对员工队伍的知识结构、技能水平提出了更高的要求。企业应该在战略调整之前就着手打造符合战略要求的员工队伍。

2. 年度战略地图绘制

根据年度战略地图输入识别的结果，企业可以按照以下步骤绘制战略地图：

（1）确定股东价值差距（财务层面）。通常情况下，股东价值差距有几种表达方式，可能是利润增长，也可能是销售增加，可能是成本控制，也可能是长期稳健运营、风险控制。

（2）调整客户价值主张（客户层面），弥补股东价值差距，需要对现有的客户进行分析，调整企业的客户价值主张。客户价值主张主要有四种：总成本最低、强调产品创新和领导、强调提供全面客户解决方案、系统锁定。

(3) 确定战略主题（内部流程层面），找出关键的管理流程，确定企业短期、中期、长期的行动计划。通常而言，运营管理、客户管理、创新流程、社会流程四个内部关键流程至关重要。

(4) 提升战略准备度（学习和成长层面），分析企业现有无形资产的战略准备度具备或者不具备支撑关键流程的能力，如果不具备，找出办法来予以提升。企业无形资产分为三类，即人力资本、信息资本、组织资本。企业可以根据年度战略地图识别及经营策略分析规则将识别出来的公司级经营策略绘制成战略地图，不同策略对应模块可参考图2-1。

当然，由于每年企业的经营策略差异，不一定每个战略地图模块都有相对应的经营策略，这需要根据企业实际进行识别与删减。

3. 确定年度经营目标

关于年度经营目标的确定，一定要在年度战略地图确定后，通过对相关战略主题及措施进行客观评价之后再来确定，只有这样定出来的目标才会客观公正。

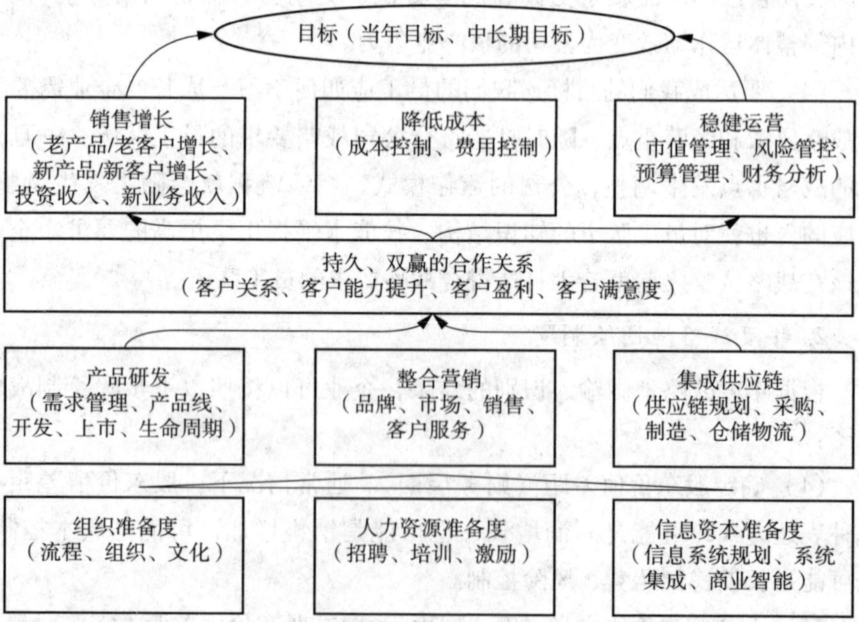

图2-1　战略地图

当然，在确定年度经营目标之前，企业还必须清楚企业目标的来源：

（1）发展战略。每家公司都有自己的战略梦想，也都会有清晰的战略目标，企业年度经营目标的第一来源就是企业发展战略。

（2）当年的经营期望。因为战略目标相对宏观，不够具体，企业只有在对当年经营环境有系统和全面认知的前提下才能够提出符合实际的年度经营目标，这个经营目标可能比发展战略分解的目标低，也有可能比发展战略分解的目标高。

（3）阶段性目标修正。企业发展战略在实施的过程中，可能会存在企业战略方向的调整或企业投入资源的增加或减少，因此，阶段性地对企业目标进行调整也是非常常见的。

表 2-1　不同增长速度优劣势对比

类型	超低速增长	低速增长	快速增长	高速增长	特高速增长
定义	增速小于 10%	10% 至 20% 的增长速度	20% 至 50% 的增长速度	50% 至 80% 的增长速度	80%以上的增长
优点	增长幅度较小，不需要大规模投入	经营稳健，不需要剧烈的变革与调整	（1）比较容易实现稳健的发展；（2）资金和人力资源需求压力小	能够在较短时间完成规模积累	（1）能实现快速发展，企业能较快实现规模；（2）能抢占更多优质市场资源
缺点	（1）企业经营成本压力较大；（2）对员工的吸引力不足	（1）在竞争中逐渐失去优势地位；（2）发展速度较慢，很难通过自身经营积累巨大的资金回报	（1）对管控能力要求不高；（2）可能较好的市场资源会被竞争对手抢占先机	（1）很多潜在的经营风险被业绩增长所隐藏；（2）资金和人力需求压力较大	（1）对公司战略决策能力要求高；（2）对管控能力要求特高；（3）资金和人力资源需求压力大

由表 2-1 可以看出，企业无论选择何种发展速度，都有其明显的优劣势。企业在确定年度目标增长的时候，可以按照“3+1”的模式，即：连续 3 年的快速或较快速增长，之后是 1 年的较低速或低速增长，因为企业在连续快速发展的过程中难免会埋下一些发展的隐患，定期通过调低发展预期来消除隐患，可以帮助企业更加良性地迎接下一周期的快速发展。

三、大目标，大未来

有的人提出“小目标成就大未来”，笔者不赞同这样的观点。目标小，动力就小，格局就小，就难以成就大未来。只有大目标才能成就大未来。那些“小目标可以成就大未来”的提法只不过是回避困难的托词罢了。

前几年，想必大家都被王健林的“一亿小目标”刷屏了。王健林说，“先定一个能达到的小目标，比方挣它1个亿”，惊呆了无数“吃瓜群众”。有人说，这个世界有几个王健林?！那么有没有比王健林还更牛的，更加不可思议的目标呢？还真有不少。

王羲之从小就一心要成为书法大家，他临池学书洗笔，池水尽被染黑，终成书圣。

克里斯托弗·哥伦布立志成为航海家，坚信并积极验证“地圆说”，他游说各国12年才起航成行，最后发现了新大陆。

毛泽东，出生于内忧外患的国度之中，他在少年时代就立下一个目标，为中华之崛起而奋斗！结果，他缔造了一个崭新的新中国。

所有伟大的成就，都肇始于一个看起来不可思议的目标。《别说不可能》一书中写道：“平凡的目标，会达成平凡的结果；伟大的目标，会达成伟大的结果；有不可思议的目标，才会达成不可思议的结果。”定个大点的目标，然后积极努力地想尽办法去实现。即便由于种种原因，最终还是失败了，那还是要比一般的人强。就像唐太宗《帝范》中说的，“取法于上，仅得为中，取法于中，故为其下。”

很多人的一生，碌碌无为，原因无他，他们不敢定一个大点的目标，不敢尝试朝着这个目标去努力。他们总是害怕失败，畏惧未知，缺乏自信，最后难逃失败的厄运。

踮起脚尖就能够得着的小目标不能让人心潮澎湃，不能鼓舞斗志，焕发出拼搏的激情。只有常人眼中不可思议的目标，才能重新激发我们的热血，创造出让人眼前一亮的惊喜。也唯有不可思议的目标，才能创造不可思议的结果。

世上无难事，只怕有心人。没有难以完成的目标，只有不努力，不去想方设法完成目标的个人或者团队。永远不要低估我们自己的潜能，给自己设限，那样你的人生道路将越走越窄，最后进入死胡同，一辈子也不能实现自己的人生价值。

弗鲁姆的期望理论指出，如果一项工作目的的达成对接受者没有多大意义，接受者就没有动力去完成该项工作；如果一项工作能够轻而易举地完成，接受者也没有动力去完成该项工作。因此，目标的设置应当具有一定的挑战性，需要付出努力才可以达到。

作为企业，在确定战略目标的时候，只有制定出不可思议的目标，才会有不可思议的成果。

第三节　划清目标

划分目标就是从各种维度区分不同的目标，从时间维度分为短期目标、中期目标、长期目标和终极目标，从承接对象上看，分为个人目标、团队目标、企业目标。

一、从短期到终极

按时间的长短跨度区分，目标通常可以分为四类：短期目标、中期目标、长期目标和终极目标。

（1）短期目标。是指期望在 1 年内达到的目标，短期目标通常全面又具体。

（2）中期目标。是指期望在 3~5 年达到的一些目标。

（3）长期目标。是指期望在 5~10 年或更长的时间内达到的一些目标。

（4）终极目标。是指我们要成为什么样的企业。

目标期的长短是相对而言的，不能一概而论，不同的行业、不同的组织有不同的长短期计划。例如对于社区里的小商店来说，两年期的目标可能算是较长的目标了，但是对于一家煤矿公司，确定一个为期 20 年的目标也很平常。只有把每个阶段的目标设定清仓，才能更加有利于我们的行动。

二、从个体到企业

个体目标就是个人的发展规划，一般可以分为以下步骤：

第一步，分析自己的性格。先看看自己的性格特点，从而决定自己相对来说适合做什么工作。这样既便于找到适合自己的岗位，也可以提醒自己在工作中注意克服性格的缺陷。

第二步，分析自己的知识技能结构。罗列出哪些是自己精通或者熟悉的，哪些是自己的弱项。然后再分析自己所从事的工作需要具备哪些知识与技能，再结合自己的实际情况，确认自己与岗位的匹配度，这样才能让自己在工作中立于不败之地。

第三步，分析自己的资源，包括金钱、人脉。“有多大的能力办多大的事”，如果碰到自己不擅长的东西，就要想办法调动自己的资源，看看自己的同学、朋友、亲戚中，有谁擅长此类事情，自己就可以去学习经验，直接掌握问题的关键点，避免走弯路。

第四步，确认自己的发展目标。在当今社会，工作经验与行业优势已经成为成功不可或缺的条件，所以确认个人的发展目标尤为重要。

第五步，坚持不懈走下去。世界上所有的成功都是努力的结果，没有天上掉下来的馅饼。很多人都奇怪郭德纲的走红，认为他的运气太好了，如果你去听他的相声，领略他的功底，唱戏的功底、绕口令的功底，你就会知道，郭德纲的成功是必然的，是他多年付出、执着、努力的结果。所以，一旦认准了自己的目标，就一定要坚持不懈地走下去，不管遇到什么挫折，都不要放弃，同时一定要认真学习，只有这样，才能获得成功。

团队目标如何设定？在带领一个团队的时候，首先，要认识团队。在认识了团队，团队管理及自我团队管理认知之后，接下来要解决的是团队的目标。人生有三大哲学问题：我是谁，我从哪里来，我将去往哪里。团队也是一样的，也有这三大哲学问题，特别是如今的商业社会，尤其注重经济效益，任何一个团队的存在都有其存在的理由。

其次，任何目标的实现或者达成都是有期限的，一个无截止日期的目标是虚无的，也不可能作为团队行为的指导，团队的目标达成都是在有限的资源的基础上完成的，时间也是一种资源，是稀缺的。

最后，个体、团队、企业三者之间的目标是对立统一的关系，对立是指它们之间的矛盾性、不一致性；统一是指它们的关联性。

团队目标必须服从企业目标，个人目标要尽可能融入团队目标和企业目标，只有这样，才能达成三者之间的利益最大化。

三、明确里程碑

现代项目管理中，引入了“里程碑”的概念，即以阶段性明确的可交付物来衡量项目进度。里程碑，原指建立在道路旁边刻有数字的固定标志，以展示相应的位置以及与目的地的距离。里程碑上的数字表示该处距离起点或终点有多远。项目管理的里程碑则是指某种重大标志性事件，或发生某种特定意义的典型事件，或具有开创性意义的重大事件，将这些事件作为我们实现目标的里程碑。比如，实现 100 吨产能、1000 吨产能、10000 吨产能；再比如，年收入 1 亿元、3 亿元、5 亿元。

关于坚持，关于积累有一个“小白兔夺冠军的秘密”的故事，原文大致如下：

兔子王国每年都要进行马拉松比赛，今年的比赛开始了，白兔子一马当先，冲在前面，获得了冠军。当别人问它：“你是如何做到的呢?”白兔子骄傲地说：“我赢得冠军依靠的是智慧。其实我的胜利很简单：比赛之前我已经仔细观察地形地貌，并在关键的地方做了标记。在赛跑的时候，我自己给自己加油：快点跑，到了下棵树就是冠军了；过了这棵树，我就想着下一棵树。就这样，我每年都是冠军。”

大家恍然大悟。原来白兔子是为自己在每个阶段都设置了目标，并且给自己精神动力，所以它成功了。

四、目标可实现

每到年初或者是月初，都会想给自己定一些目标计划。这个时候要么是写不出几个，觉得自己好像没啥目标；要么是列了很多，有好多目标。目标的关键不在于多少，而在于能否实现。

目标能否实现有一个很好的“加减乘除”法。通过“加、减、乘、除”四个步骤来明确自己的目标，并提高目标的可实现性。具体而言，有如下几点：

1. 加法

加法就是先把你的大脑清空，把心中所能想到的目标都写出来。只有都写下来，才能接下来分析。如果你会画思维导图，可以采用思维导图的形式，这样更易于发散，写得会比较全。如果不会，只能是尽量列出来。为了写得比较全，可以先进行分类，比如按产量、产值、利润等进行分类。

分类列举的过程中不要去想能不能实现，不进行任何的思考和判断，只要能想到就写下来。这个工作也不是无止境的，给自己定个时间，最好是20~30分钟。一般来说，往往先想到的也是你最想实现的，后面想的重要性往往也不是很高。

2. 减法

经过了上面的“加法”过程，纸上会写得满满的。这么多的目标，只有少数是真正能够实现的，所以，第二步就是需要做减法。

首先，把那些你看起来就不想要的删掉，先去实现自己最有兴趣的。然后，是那些你觉得实现起来相当困难的，还没开始就觉得很困难，结果肯定也不会好到哪里去，还不如把时间和精力放在其他容易实现的目标上。最后，还需要针对留下的每个目标进行SWOT分析，看看自己的优势、劣势、机会和威胁分别是什么。这样，目标实现的概率就会大大增加。优势和机会都比较多的目标是最容易实现的，优先去执行这些目标；劣势和威胁比较多的是最难实现的，放到最后再做。

3. 乘法

确定了目标，下一步就要看这些目标如何实现了，需要结合实现情况来分析。

先看看自己现阶段离目标的差距是什么，需要准备些什么。再来看下自己现在所处的环境能给目标带来什么。环境影响目标实现的，要尽量改变环境。最后，还要看看我们的资源，有哪些资源可以帮助我们更好地实现目标。这样，在执行过程中遇到问题可以得到很好的帮助和解决。

4. 除法

分析了我们的现状与目标之间的差距，找到如何实现目标的方式，接下来需要把目标拆分成一个个任务来执行。

将年度目标拆分成季度目标，季度目标拆分成月度目标，再拆分成周计划，最后到每天的任务。拆解的过程中一定要把握 SMART 原则，即任务是具体、明确的；可测量的，目标要有衡量的标准；可实现的；还要注意相关性，这些目标之间，任务之间有没有先后顺序，有没有矛盾的地方；同时，每个任务都要加上时间限制，有时间限制才能有紧迫感。经过上述四步下来，目标才能初见成效，再进行调整、整理和完善，目标实现的可能性就会大幅提高。

第四节　分田到户

目标分解就是将企业总体目标在纵向、横向或时序上分解到各层次、各部门以至具体人，形成目标体系的过程。目标分解是明确目标责任的前提，是总体目标得以实现的基础。

一、千斤重担人人挑

俗话说，千斤重担人人挑，人人肩上有指标。企业经营目标的顺利实现离不开全体员工的努力工作和倾情奉献，因此，为了保证经营目标的顺利达成，企业必须回答这样一个问题：经营目标的实现与员工有什么关系？如果企业没有认真思考过这个问题，就会让员工觉得年度经营目标是企业的事情，与自己无关。

为了回答这个问题，企业需要将目标按业务（产、供、销）、职能（人、财、物）、按时间（长期目标、年度目标、季度目标、月度目标）、按责任主体（事业部、职能中心、二级部门、岗位、员工）等不同维度进行分解。

二、每个人都是经营者

当员工参与经营，有了为公司整体作贡献的想法后，自己的利益也会得到保障，就不会存在劳资问题了。同时，公开公司信息，创造一个全体员工自觉参与经营的氛围，这对提高员工的经营者意识有重要作用，也使员工参与经营成为可能，当员工具备这个意识后，员工不只是员工，而是将自身利益与公司利益联系到一起的经营者了，就会得到成就感。成就感促使每一位员工将自身当成人生事业中的主角。

所谓经营者，是怀有使命感的人。公司因使命而存在，经营者不但要取得工作成果，还要使每一项工作成果都与公司使命契合。无论是企业，还是个人，我们都不应该满足于做一名“普通平凡的经营者”，而要成为“贡献于企业，服务于社会的经营者。”我们永远不能轻视自己的潜力。

任何一个企业的成功，都是人的成功。优衣库从一家小服装店，成长为业界巨鳄的过程，也是柳井正从一个混沌少年成长为经营之神的过程。所以，永远不要忘记，你也是自己人生的经营者。

作为经营者，心态与员工的心态是大相径庭的。经营者心态是如何把事业经营得更好、价值更大化，而员工的心态只用思考着把自己工作做好就够了。把你做的事情看作事业还是看成一份工作来看待，是有着巨大差别的。事业是在为自己的理想而奋斗，工作是在为别人被动做事情。为自己的理想而奋斗与为别人做事情是有着天壤之别的。但其实这只是每个人的认识不同而已，并不是事实真相。事实的真相是，无论把一件事情作为事业还是看成工作，只要你去做了，就是你的，因为增加的是你的能力，体现的是自身的价值。

要真正认识到“只有合伙人，没有员工”的含义。什么是合伙人？就是共同创造事业的人。一群志同道合共同创造事业，共同实现理想、达成人生价值的人就是合伙人。在共同事业的大目标下，每个人就是在为自己的理想而奋斗，又相互协作、互相支持，实现人生价值。所以，每个人都是经营者。

三、每个人都是受益者

笔者曾经读过一篇文章，题目是《给我一个承诺》，文中有这样一个故事：

在一个风雨交加的夜晚，一位名叫克雷斯的年轻人因为汽车抛锚被困在郊外，正当他万分焦急的时候，他得到了一个男子的帮助。当感激不尽的克雷斯拿出一沓美钞对帮助他的人表示酬谢的时候，那位男子说：“我不需要回报，但我要你给我一个承诺，当别人有困难的时候，你也要尽力帮助他。”于是，在后来的日子里，克雷斯主动帮助了许许多多的人，并且每一次都没有忘记转述那句同样的话。几年以后，克雷斯被突然暴发的洪水围困，一位勇敢的少年冒着被洪水吞没的危险救了他。当他感谢少年的时候，那位少年竟然也说出了同样的一句话：“我不需要回报，但你要给我一个承诺……”①

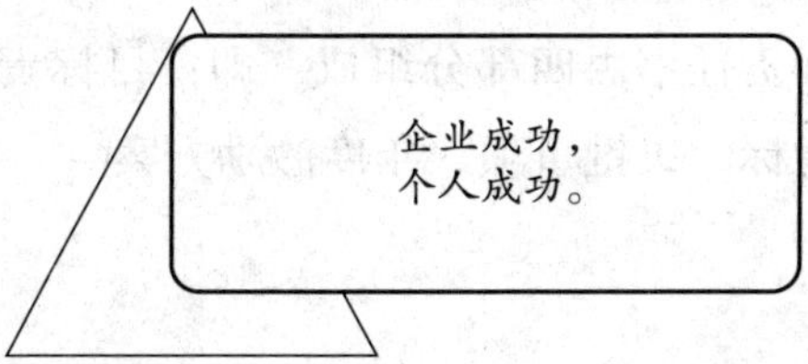

这是一个关于不求回报的不断传递爱的故事。当我们的企业不仅传递爱，也传递拼搏，传递奉献，我们也会成为成为事业成功的传播者、践行者和受益者。

第五节 上下同欲

《孙子·谋攻》有云：“故知胜有五：知可以战与不可以战者胜；识众

① 佚名．给我一个承诺［EB/OL］.（2015-2-5）［2019-12-15］https：//www. zybang. com/question/fa3e14c34a0ffe31278fd681fbcd0a9c. html.

寡之用者胜；上下同欲者胜；以虞待不虞者胜；将能而君不御者胜。”其中“上下同欲者胜”是孙子兵法中制胜五法的其中之一，“人人欲战，则所向无前”，团队组织目标高度认同就可以取得胜利。

那么，如何实现“上下同欲”呢？

一、目标责任书

目标责任制是通过对工作目标进行设计，将组织整体目标逐级分解、转换为部门目标最终落实到每一个员工身上。目标分解过程，权、责、利要分明、对称；目标方向要一致，环环相扣、相互配合，形成协调统一的目标体系。每个员工目标的完成，是企业完成整体目标的前提。考评机构将通过对目标完成情况进行考核，并将考核结果反馈给每一个员工。

如何编制目标责任书？公司目标确定后，为了明确目标责任，让每个目标担当主体清楚自己的目标以及目标达成后自己的利益，企业需要在年初与每个责任主体签订目标责任书，同时，每个责任担当主体的收益也需要与目标责任中相关目标的达成相关联。

一般来讲，目标责任书由四部分组成，即：目标责任主体及目标责任书周期、关键绩效指标、关键事项、年度激励方案。

二、誓师大会

商场如战场，当企业经营目标确定，企业还需要组织召开全体员工誓师大会，正式吹响经营目标实现的号角。

根据以往的经验，誓师大会最好在每年12月底或者1月上旬召开，誓师大会的标准议程有5项，即企业领导人向全体员工宣讲年度经营计划、年度干部任命、部门负责人带头签订目标责任书、年度员工激励方案说明、部门负责人带领部门全体成员宣誓。当然，除了以上5项议程之外，企业还可以将年度优秀员工表彰放在誓师大会上进行。

1. 年度经营计划宣讲

年度经营计划宣讲作为誓师大会的第一个环节非常重要，由公司总经理全面系统地为全体员工传达公司年度经营策略及目标的关键环节，要求简单、明确，时间一般控制在一小时之内。

2. 年度干部任命

毛主席说过："政治路线确定后，干部是关键因素。"企业经营也是同样的道理，公司总经理全面阐述了公司年度经营计划之后，必须将公司经营责任明确到每位管理者、每个部门，因此，企业必须在此环节公布年度组织结构及任命相关人员。

3. 签订目标责任书

干部任命完成后先由总经理与每位副总签订目标责任书，然后由总经理、分管副总与各部门负责人签订目标责任。

4. 年度激励方案说明

目标责任书签订完成后，应由人力资源总监或者人力资源部经理向全体员工说明公司年度激励方案，在这个环节一定要讲清楚，让员工明白公司目标、中心目标、部门目标达成后与自身的利益关系。

5. 核心团队宣誓

誓师大会的最后一个环节是由总经理带领全体管理干部先进行宣誓，表达对公司目标的决心与信心，然后由各副总带领分管团队分别宣誓。

三、目标修正机制

目标检查是为了及时发现目标执行中存在的偏差，以便做出适时调整，确保目标实现的行为。目标调整包括两个方面：一是调整行动，使行动的方向与目标的方向一致、行动的速度与计划进度一致；二是调整目标本身，使意外情况出现后变得容易完成，或不可能完成的目标能适应新的情况。

目标之所以需要修正，其原因在于：

（1）外界环境的变化；

（2）突发事件；

（3）企业内部的变化；

（4）出现了更好的构想；

（5）完成目标的方法发生改变。

目标的具体修正方法是：

（1）战略目标采用 Y/（5-Y）的方法。即第一年后，修正后面四年的目标；第二年后，修正后面三年的目标；第三年后，修正后面二年的目标；第四年后，修正后面一年的目标。

（2）季度目标采用 S/（4-S）的方法。即第一季度后，修正后面第二、三、四季度的目标；第二季度后，修正后面第三、第四季度的目标；第三季度后，修正后面第四季度的目标。

（3）月度采用 M/（12-M）的方法。1 月份后，修正后面 11 个月的目标值；2 月份后，修正后面 10 个月的目标值；以此类推。

第三章 决　心

成功的第一个条件就是要有决心；而决心要不得迅速干脆果断又必须具有成功的信心。

——大仲马

今天做不成的，明天也不会做好。一天也不能虚度，要下决心把可能的事情，一把抓住而紧紧抱住，有决心就不会任其逃去，而且必然要贯彻实行。

——歌德

战略制定之后，实施战略需要力排众议，统一意志；需要勇往直前，破釜沉舟；需要排除诱惑，不忘初心；需要坚忍不拔，傻傻坚持；需要顽强执着，无怨无悔。这些都有赖于领导者坚强的意志与不死不休的决心。

——本书作者

第一节　力排众议

在一个团队中，当人数到达一定数量后就会发现，要用自己的意见去统一他人的意见，是一件非常困难的事。正因为统一他人的意见很难，所以，做领导就是少数人才具备的能力。因为利益不同，视角不同，对事物的认识的深度和广度不同，意见不统一是必然的，这就需要企业领导人力排众议，统一意志，形成合力。

一、先民主，后集中

“先民主，后集中”是从“民主集中制”演化而来的一种集体决策机制，“民主集中制”是民主基础上的集中和集中指导下的民主相结合的一种集体决策机制。通俗地说，民主就是让大家发表自己的意见；集中就是把大家的意见集中起来，作为领导决策的参考。民主集中制就是既让员工能够发表意见，又让领导有绝对的决策权力。

企业集体决策的民主是为集中服务的，集中是根本，民主是手段，是达成更加科学、全面的决策所采取的措施。只有民主，会众说纷纭；只有集中，会造成“领导一人说了算”的一言堂。所以，企业民主集中制的基本原则是：个人服从组织，少数服从多数，下级服从上级，全员服从总裁。

先民主，是先让大家充分提出自己的意见和建议。后集中，是把这些意见和建议进行集中整理，最后拿出一个解决方案。之所以要先民主，是因为，如果老板发了话，即使员工有意见或建议都不好提了，不利于科学决策。再者，民主的一个重要功能是动员普通员工参与决策，提高员工的主人公精神，如果先集中，民主的意义和作用就失去了。故而需要“先民主，后集中”。

二、家有千口，主事一人

有的人，你就是让他做领导，他也会勉为其难，胜任不了领导的工作。勉强去做，只能既害了组织，又苦了自己。

统一不了意见，引发争执，这个最常见的场合就是家庭了。老公认为应该向东，老婆却又非常坚持向西；或者儿子坚持南行，爸爸妈妈却非常不认可南行；谁也统一不了谁，谁也不服气谁。到最后，要不各吹各的号、各唱各的调，要不争吵不断、鸡飞狗跳。家庭成员意见不一，无法统一，势必让整个家庭缺乏领导力，难以实现家庭目标。

公司组织去统一意见，比家庭容易一些，因为公司有较明显的等级制度，公司老总拿出一个明确的态度，下属敢公然不认可的应该很少。在公司组织中，虽有大小股东之分，但股东们毕竟都是地位平等，意见一旦不同，引发争吵或不服气就是很常见的了。股东一旦意见不一闹分裂，引发组织动荡，也是很常见的。

这就是“家有千口，主事一人”。事有千头万绪，只有掌事的人最后定夺，不能谁都插手。这不是专制，在竞争十分激烈的市场条件下，如果没有“一锤定音”的迅速决策，必然会错过良机，被市场淘汰出局。

讲到“一锤定音”，迅速决策要数“霸道总裁”董明珠了。董明珠是一个自信的人，有一种强大的气场。她说自己一定是对的，这种自信不是虚无的狂妄，而是建立在她的聪明才智之上的。她从一个业务员开始做起，因为业绩出色，被格力的管理层发现了才能，才被破格提升。

董小姐有经营头脑，有决断，敢于将自己的决策付之行动，并且雷厉风行。“坚决不打价格战”“先付款后拿货”“给经销商返还利润”等种种决策，实行起来并不容易。但是，她独立决策，执行有力，不撞南墙不回头，用她坚韧不拔的精神做到了，并且还带领着格力企业蒸蒸日上。①

① 张浩．格力女王：大权独揽的“董时代”［EB/OL］．（2012-9-11）［2019-12-15］http：//finance. jrj. com. cn/people/2012/09/11034414373432. shtml.

三、不换思想就换人

有句话说得好："不换思想就换人，不负责任就问责，不担当就挪位，不作为就撤职。"

任正非在"变革在一线集成落地工作会议"上曾说，"不管是政治变革，还是企业变革，都很难，也很容易失败。要敢于撤换不能适应的干部，不换思想就换人。"他还说："自发性的革命可能需要五千年，贯彻性的革命也许只需30年。'推'是必要的，但不是机关的一批书生纸上谈兵去'推'，而是把一批拥有一线实践经验的将军循环回来去'推'。机关干部要循环流动，要让有真本事的人上来指挥战争。"这就是一个企业家对于如何推动企业变革的革命性的理解。

为了应对电子商务消费升级和品牌升级的趋势，京东选择自有物流。可是在京东刚刚决定自建物流系统的时候却并不是一帆风顺的。

刘强东通过前期做了大量的市场分析和考察，最终作出了"做自有物流"的决定。在京东管理层议会上，刘强东刚公布这个重大决策，就遭到一批公司内部高层人士的强烈反对。因为建立物流系统需要庞大的资金投入，以京东当时每年的营收额，这意味着几年的收入全部都要投入到物流系统建设中去，更重要的是，还需要在有限的时间内拿到巨额融资，而一旦融资不成功，就会把京东推向倒闭的边缘。可是刘强东何尝不知道这些风险呢？但是，他更知道"成大事者眼光必须长远"。随后，刘强东以很坚决的态度回答那些反对者：这是通知，不是商议。并对一个力主反对搞物流的高管作出辞退处理。因为思想跟不上，就会成为公司发展的障碍，就会成为公司发展的绊脚石。

事实证明了刘强东当初的选择是正确的。随着物流业的蓬勃发展与快速布局，以京东为代表的物流企业正在加入这场商业大变革乃至社会经济重塑的浪潮中。大件物流网络的全面落成，和京东中小件为主的自建物流网络、生鲜冷链网络三张大网一起让京东成为全球拥有最大规模的物流基础设施的电商企业。

京东创建的京东网络商城目前是国内最大的电商平台之一，京东的特色之一就是“快”。如果网购一件急需的货物，最好的选择就是京东，这得益于京东自建的物流系统。目前，随着京东物流系统的日趋成熟，更有部分地区陆续推出承诺“当天发货当天到”，快捷的物流系统给京东带来了巨大优势。①

第二节　勇往直前

破釜沉舟，用来比喻拼死一战，决心很大。贯彻战略目标，就要有破釜沉舟的决心。

一、义无反顾

很多人做企业最终归于失败，很重要的一点是不能坚持到底，所以，做企业需要义无反顾，为了事业要勇往直前，毫不犹豫，绝不退缩回头。这是一种企业家品格，看似简单，但实际上却没有几个人能够真正做到。因为这需要屏蔽掉无关的兴趣、爱好与社交，是一般人做不到的。

抗美援朝二次战役中，38 军 112 师 335 团 1 营 3 连接到的任务是松骨峰阻击战：在松骨峰设立阻击阵地，坚守 9 小时。戴如义连长踏上松骨峰阵地，一看地形就明白这是块死地。但为了全局利益，3 连义无反顾地接受了任务。大家心里十分清楚，哪一个排先上，就是哪一个排先去牺牲。明知上去就是死，但人民志愿军同志们却没有半点畏惧。但为了完成任务，牺牲也得前后有序。经过认真考虑，戴连长决定梯次调度全连四个排，连排干部指定接替指挥顺序，连长牺牲，由连指导员指挥，连指导员牺牲，由一排排长指挥，一排排长牺牲，由二排排长指挥，二排排长牺牲，由三排排长指挥，三排排长牺牲，由四排排长指挥，排定后，依次带领各排上阵并规定各排坚持时间。因为他们知道，战死容易，完成任务难。戴连长与美军肉搏牺牲后，指导员杨少成接替全连指挥员，后来他拉

① 佚名．京东自建物流系统遭高层反对［EB/OL］．（2012-9-11）［2019-12-15］https：//t. cj. sina. com. cn/articles/view/6515336362/1845824aa001009dbj.

响手榴弹与敌同归于尽。正是3连因于如此合理有度调遣兵力，加上坚韧顽强、死战不退的战斗意志，达成了114、112师穿插到位所需时间，从而使38军合围了美2师主力和美第8集团军的后勤辎重部队，当114师穿插部队赶到时，3连仅剩7人，但仍保持战斗力。戴连长和杨指导员当时明知自己即将死亡，还能有条不紊地组织部队投入战斗，这是何等的英雄气概？那是真正的从容赴死，预定了自己死期的死，死者完全明白“牺牲”的意义。这样的部队最好地诠释了什么是视死如归，什么是义无反顾。①

做企业也要有这种精神。既然确定了目标，就要像志愿军一样，视死如归、义无反顾，为了目标，勇往直前，如此，没有什么目标不能实现。

二、孤注一掷

孤注一掷，就是把所有的钱一次押上去、决一输赢，比喻在危急时用尽所有力量作最后一次冒险。

北宋时期，辽军进攻中原，奸臣王钦若要宋真宗把国都迁到南面去。宰相寇准坚决反对。在寇准的倡议下，真宗亲自领兵反击，果然打了胜仗。从此，真宗对寇准更加重用了。

王钦若对此非常嫉妒。一天，他陪真宗赌博，故意输给真宗，然后把身上所有的钱都拿出来说：“这次我要孤注一掷了。”过了一会儿，他说：“皇上，赌博和打仗是一样的道理，上次寇准要你上前线亲征，陛下不是成了寇准的‘孤注’了吗？这样做太危险了！”“孤注一掷”这个成语由此而来。②

做企业也要有孤注一掷的精神，屏蔽掉无关的兴趣、爱好与社交并不就万事大吉，还要把所有的时间、资金、资源聚焦到目标上来，才可能成功。

---

① 佚名．松骨峰阻击战［EB/OL］．（2019-3-9）［2019-12-15］https：//baike. sogou. com/v468337. htm？fromTitle=%E6%9D%BE%E9%AA%A8%E5%B3%B0%E9%98%BB%E5%87%BB%E6%88%98.

② 百度文库．孤注一掷［EB/OL］．(2014-6-15)［2019-12-15］https：//wenku. baidu. com/view/48540b4ba8114431b90dd8af. html.

三、破釜沉舟

“破釜沉舟”语出《史记·项羽本纪》。

秦朝末年，秦王派大将章邯攻打赵国。赵军不敌，退守巨鹿，被秦军团团围住。楚怀王封宋义为上将军，项羽为副将，令其率军救援赵国。

宋义把士兵带到安阳后，接连一个半月停滞不进。项羽一再要求他赶紧渡江北上，赶到巨鹿，与被围赵军里应外合。但宋义却想让秦军与赵打得精疲力竭再进兵，这样会轻松很多。

项羽忍无可忍，进营帐杀了宋义。项羽杀宋义的事，震惊了楚国，并在各国有了威名。他随即派出两名将军，率2万军队渡河去救巨鹿。在获悉取得小胜并接到增援的请求后，他下令全军渡河救援赵军。

项羽在全军渡河之后，把所有的船只凿沉，把烧饭用的锅子击破，把宿营全部烧掉，只携带了三天口粮，以示决一死战。

这支没有退路的大军到了巨鹿后，立即包围了秦军。经过多次激战，截断了秦军的补给线。负责围攻巨鹿的两名秦将，一名被活捉，另一名投火自焚。

从此，项羽率领的军队成了当时反秦力量中最强大的一支武装。[1]

做企业更是如此，如果你给自己留好了后路，遇到困难就会退缩，碰到艰难你就不会坚持。

第三节　不忘初心

《华严经》有云：“不忘初心，方得始终。”意思是说，只有坚守自己的本心和最初的信念，才能成就心愿，功德圆满。初心为我们指明了努力的方向，为我们提供了前进的动力，更提醒我们在迷茫彷徨时不要忘了来

① 佚名．破釜沉舟［EB/OL］．（2019-10-23）［2019-12-15］https：//baike. sogou. com/v166564. htm？fromTitle＝%E7%A0%B4%E9%87%9C%E6%B2%89%E8%88%9F.

时的路，不要忘了为什么而出发。

一、专注做好一件事

人生是一场没有终点的修行。很少有人能够忠于自己内心最初的梦想和生命开始的使命，因此，善始者多，善终者少，所以才有“人需要立长志，而不是常立志”的说法。做企业也一样，确定了目标就要为实现这个目标奋斗到底，专注做好一件事。

美国著名企业家亨利·福特说过，做好事情的捷径就是一次只做一件事。

行业顶尖大师令人叹为观止的技艺与成就，总会洗刷三观，成为我们学习、景仰的对象。其实只要认真研究就会发现，他们开创奇迹的秘方就是专心只做好一件事。“将精力集中于一件事物，往往比天资和技术更重要”。这个简单的道理，往往不为大多数人所认识。

誉满天下的瑞士手表，每一块都是精心打磨，倾力雕琢；一丝不苟的意大利手工鞋匠，追求完美，成为世界鞋业执牛耳者；几十年如一日始终保持舞者精神的杨丽萍，精灵鬼魅、四肢如水的孔雀舞至今无人超越。

从前有位手艺非凡的面包师。他做的面包是整个小镇最好吃的，十里八乡的人都慕名而来，但没有人知道面包师的秘方。

一个聪明能干的年轻人前来拜师学艺，帮忙打下手的同时也见识了面包师制作的全过程，却并未见特别之处，但这个面包师做的面包，口味确实与众不同。

年轻人心生疑惑便问：“是什么让您的面包与众不同呢?”

面包师反问：“世间美食众多，我却单只做面包这一种，知道为什么吗?”

年轻人：“因为您擅长做面包。”

面包师笑言：“没错，但人并不是天生就擅长什么。专注才会擅长，擅长了就会更专注。专注是品味领悟你所熟悉事物的每一环节、每寸气息，将这所有发挥到极致。制作面包虽方法相同，但揉面力道和加水量，烘烤火候这些不起眼的差别让我获得了优势。”

原来秘方并不在表面，而在于用心感受和专注，将擅长的事做到极致。年轻人勤学苦练，终于也成了小有名气的面包师。①

专注是成功必不可少的因素，将普通的事做到不凡，将擅长的事发挥到极致。这就是成功者优于普通人的地方。

在一部有关巴菲特的纪录片中，比尔·盖茨的妈妈曾邀请巴菲特来家里聚会。当时，盖茨的爸爸和他们玩了个游戏，让每人写下对自己最有帮助的一个词。在场众多人中，只有盖茨和巴菲特，在无任何交流的情况下，同时写下了“专注”一词。岁月磨剑，春华秋实。只要我们够专注，完全有能力掌控自己的人生。

二、有志之人立长志

“有志者立长志，无志者常立志。”有志向的人不会随便改变自己的志向，而朝着同一个目标去进取，不达到之前立的志向决不会罢休，而没有志向的人则一天一个主意，一天一个志向。

有志气的人会树立一个远大的志向而坚持不懈地去追求，立一次则足矣；而无志之人经常会给自己树立目标，但又不去努力追求，正是“明日复明日，明日何其多”，例如，“明天开始戒烟”“以后不再打麻将”“下周开始戒酒”。这样的说法常常听到，但是一般都做不到“言必信，行必果”，所以经常立志，从来立不了长志。

三、目标刻在岩石上

“目标刻在岩石上，方法写在沙滩上”，这句话很好地道出了对待目标与方法的原则：目标应该是坚定不移的，所以刻在岩石上；方法是多种多样的、多变的，即使写在沙滩上，但当潮水退去，也就没有了，一切都是可以改变的。

一个企业要想成功，他所设定的目标必须是坚定不移的，所以必须刻

---

① 卓越地产．一处匠心：专注做好一件事［EB/OL］．（2018－12－13）［2019－12－15］http：//www. sohu. com/a/281661917_ 762108.

在岩石上。但是，完成目标的方法，并不是一成不变的，方法可以是多种多样的、变化的，可以因时而变、因事而变、因势而变，所以，方法是写在沙滩上的，它可以随着海水的冲刷不断地重新选择。

企业的目标设定好了，把它刻在岩石上，坚定不移。怎样完成这个目标，就要我们自己去选择，在完成目标的过程中，我们会遇到这样那样的困难和阻碍，这时候就需要我们有强烈的贯彻到底的信念，需要我们有强大的执行力。

什么是贯彻？就是没有任何借口的执行，包括做好细节方面的工作。这些看起来很简单，为什么需要反复提起？因为在实际操作中，我们做得不够好，有强调的必要。怎样能把目标贯彻到底？首先，态度非常重要。一个人对待事情的态度，能反映出你的责任心有多强。责任心是我们立身之本，是我们成就事业的基础。责任心强了，贯彻落实上级指示精神的力度就大。其次是怎么干，“愿意干”是基础，“怎么干”是保障。做事情要动脑子，不能苦干、蛮干，在管理过程中自己要谦逊一些，低调一些，抱着一种小学生的态度，向周围的人去学习，这样你才能更容易去突破。最后，在贯彻的过程中还要善于沟通，掌握良好的沟通技巧。在工作中，不仅要清晰、透彻理解上级交代的任务，还要准确无误地传达给相关人员。在处理事情上如果能及时有效地沟通，不但能事半功倍，还能将事情做得更好，减少人与人之间的误会，减少工作失误，避免时间浪费。

怎样做到卓越？“如果你把工作当成工作，你注定了一生平庸；当你把工作当成事业，你有机会实现优秀；只有当你把工作当作是生命中的一部分，你才终将铸就卓越。”

第四节　坚韧不拔

苏轼在《晁错论》中写道：“古之立大事者，不唯有超世之才，亦必有坚忍不拔之志”。可见，有坚忍不拔之志比有超世之才更加重要。

一、能量的积累

有个成语叫“水滴石穿”，意思是，水一直向下滴，时间长了能把石头滴穿。比喻只要坚持不懈，细微之力也能做出很难办的事。也用来比喻只要有恒心，不断努力，持之以恒，事情就可能成功。

不经过能力积累的过程，只想一下子看到结果，那是不可能的。毛竹的生长过程，前 4 年只长高十几厘米，可是根茎却伸展到 100 平方米范围，等第 5 年一场春雨后开始疯长，5 周时间长到十几米，没有前面 4 年的力量积蓄，哪有第 5 年的成才？贯彻战略目标也需要这种精神。只有坚持不懈，有恒心，有毅力，迎难而上，永不言败，才能成功。

李时珍从小立志学医，经过二十多年的不懈努力，写成了《本草纲目》。爱迪生没有受过正规的教育，他却有白炽灯、留声机、碳粒电话筒、电影放映机等一千多项发明专利；齐白石即使到了晚年，也不断地坚持创作。古今中外所有有成就的人，一路上都是靠着坚持不懈的精神才取得成功的。做任何事，只要下定目标，持之以恒，就一定能成功。

二、傻傻的坚持

荀子在《劝学》里说道：“锲而舍之，朽木不折；锲而不舍，金石可镂。”由此可见坚持对于成功的重要性。

1. 坚持就是与命运抗争

美国哈佛大学神学院教授大卫·查普曼深谙中国文化的内核。他说：中国历经几千年而屹立至今，因为他们有一个显著的民族特征——敢于与命运抗争。这些中华民族特征都蕴含在中国的神话故事里。

在西方的神话里，火是上帝赐予的；在希腊神话里，火是普罗米修斯偷来的；而在中国的神话里，火是他们坚韧不拔摩擦出来的——钻燧取火！这就是东西方民族精神的区别，中国的祖先用这样的故事告诫他们的后代，要与自然界做坚决的斗争。

面对末日洪水，西方的办法是躲进挪亚方舟；但在中国的神话里，他们的祖先治理洪水、战胜洪水——大禹治水。

面对挡在门前的大山，一般人的选择是搬家；而在中国的故事里，他们的选择是搬山——愚公移山。

每个国家都有太阳神的传说，在西方的世界里，太阳神有着绝对的权威；然而只有中国的神话里敢于挑战太阳神——夸父逐日、后羿射日。

在精卫填海的故事里，女孩精卫被大海淹死了，然而她化作一只鸟复活，要把海填平！在刑天的故事里，刑天因为挑战天帝神威被砍下了头颅，但他即使如此，仍然挥舞着斧子继续战斗。

如果你去研读一下中国神话，你就会觉得他们的故事不可思议，你就会发现找这些神话里的文化内——抗争！中国人的祖先用这样的故事告诉他们的后代：可以输，但不能屈服。

中国人听着这样的神话故事长大，勇于抗争的精神已经成为我们的民族基因，他们像他们的祖先一样坚强不屈。

每个文明在初期都是有神威，唯独中国文明不畏惧神，因为中国人深刻理解老子所说的“天地不仁，以万物为刍狗”。中国人并不是没有信仰。勇于抗争，不怕输，就是中国的民族精神，也是中国人的信仰。

与命运抗争，首先需要的就是坚持。华为能够有今天的成就，很重要的一点是：傻傻地坚持，笨笨地努力，看似很蠢，却能让你走向光明的未来。

愚公移山的故事，激励着我们一代又一代的人，这个故事的要点在于子子孙孙无穷无尽，可是山却不会增高加大，还怕挖不平吗？

2. 不是多大、多快，而是多久、多远

股市上有句著名的股谚：不看你活得有多好，而是看你活得有多长。这句话对于做企业同样有效。原因在于，如果你被市场淘汰出局了，以前做得再好，也只是曾经辉煌，未来与你无缘。而只有你还活着，谁能够断言你永远不能做大？所以，做企业不是要求多大、多快，而是要更久、更远。

三、讨巧的执着

讨巧的执着就是要我们既要苦干，也要巧干，如此才能事半功倍。

上海山美重型矿山机械股份有限公司凭借悠久的企业发展历史和雄厚的专业技术储备，在国内砂石骨料行业一直发挥着举足轻重的作用。无论是开发研制的优良装备，还是承建的砂石骨料生产线，均处于国内领先地位。尤其是该公司研制生产的各种破碎设备，其先进的技术性能足以同欧美发达国家的同类产品相抗衡，更因其品质上乘、售价合理、服务贴心而享誉全球，山美品牌也因而深受国内外用户的一致赞誉。

20 世纪 90 年代末，受亚洲金融危机的影响以及出于进一步改革开放的需要，国家下发了对大部分国有企业和集体企业进行改组和转制的政策，并支持鼓励私营企业发展。大多数参与改制企业的员工纷纷下岗另寻出路，原建材行业的很多人都因此而改行从事其他职业。面对这种局面，杨安民董事长并没有随波逐流，决心继续从事这个自己钟爱且已经取得一定成就的行业，并认为这是一个进一步发挥自己潜能的机会，于是很快创立了属于自己的有限责任公司。首先，他取得了家里亲人和朋友的支持，筹集了有限的资金，亲手改造了低价购买的旧设备，从小规模做起，产品的设计制造以至于跑市场都亲自完成。功夫不负有心人，此时正赶上北京市的基础设施建设迎来了一个高潮阶段，砂石骨料市场需求很大，当时北京市周边的河卵石资源比较丰富，正适合使用杨董研制的制砂机。杨董经过努力争取，把自己制造的设备投入到该地区的制砂生产线，经过实践验证，使用该批设备生产的产品，均达到了优质产品级别，为此还赢得了国内相关知名教授、专家的认可，并成为编制国家标准的案例。然而，创业的初次成功并没有让杨安民停止创新的脚步，他创立的企业又相继研发出了多种高性能的设备，公司业绩实现了一个又一个突破。①

讨巧的执着也需要我们既要埋头拉车，也要抬头看路；既要敢于冒险，也要防止冒进。

“十年寒窗无人问，一举成名天下知”。十年寒窗苦读谁也看不到，但十年寒窗是一个勤苦积累的过程，是一个量变的过程；水到渠成、瓜熟蒂落是一个质变的过程，没有量变，就没有质变的飞跃。

---

① 中国砂石协会．一个优秀企业的背后必定有一个对事业执着的掌门人［EB/OL］.（2018-11-24）［2019-12-15］http：//www. sohu. com/a/277614454_ 99894134.

第五节　无怨无悔

无怨无悔就是不责怪、不埋怨、不后悔。既然我们有了明确的目标，下定了决心，就要承诺誓言、肩负使命、无怨无悔。

一、问付出，不问苍天

西方人的思维很难理解忘我付出者，那么，究竟有没有这种人？答案是肯定的，而且从古到今很多这样的人，比如：孔子、孟子、释迦牟尼、耶稣、穆罕默德、甘地，再有王阳明、曾子、颜回，还有禅宗祖师达摩、禅宗六祖惠能，等等，他们都是忘我付出的人。他们都有一个共同的特点，就是开悟解脱之后就开始传播自己的学问。但是，现在的人往往不能理解也不相信这个世界上竟然还有这种人，可以不求回报地无私付出。随着西方价值观的不断入侵，中国人越来越物质化，人的自私心越来越重。现在这种无私付出、不求回报的人越来越少。好在，随着人的物质生活越来越多地被满足，越来越多的人想要探求人生真相，无私的人会越来越多。

常常有人哀叹“苍天不公”，诚然，上帝从来没有公道过，有的人勤奋刻苦、奋斗不息，却不能成就；而有的人懒惰无能、平庸无德，反而轻易成功。如果这样就自暴自弃，那么将永远与成功无缘。因为勤奋刻苦、奋斗不息却不能成就，懒惰无能、平庸无德反而成功的毕竟是少数。对大多数人来说，需要的仍然是努力。

世界是大家的，不是哪一个人的，每个人都有自己的位置。你不是世界的起点，也不是世界的终点，更不是世界的中心，开不了源，也节不了流，更承不了上，启不了下。“尽人事，听天命”是一种最好的人生哲学。凡事只要尽心尽力，尽职尽责，本着良心，问心无愧就行。

做企业，必须谋事，不谋事，无以成功。而谋事一心想着事成，甚至还没谋事就设计事成是什么结果，往往难以成事。经常有一些人为一些事殚精竭虑、费尽心机、千般盘算，万般设计，结果仍然机关算尽，前功尽弃。天道悠悠，人谋可以把握，天数却难以预知。谋事在人，成事在天。

所谓成功三要素——天时、地利、人和，首先是天时，其次是环境，最后才是人为。所以，首先要顺应自然法则，但也要学习诸葛亮，“鞠躬尽瘁，死而后已”。

二、有一种态度叫不解释

不管你的动机多么单纯，遇到复杂的人，你就是“心机”；甭管你多么真情，遇到虚假的人，你就是“欺骗”；甭管你多么善良，遇到多疑的人，你就是“伪装”；不管你多么认真，遇到苛刻的人，你就是“敷衍”。不管别人怎么想，做好我们自己的事情就可以了。解释多了，会让那些无中生有的人得逞；话说多了，会让那些心怀叵测的人如愿。有一种境界，叫“不解释”，随便你怎么挑剔，我们就做好自己分内的事。

做企业就要坚定自己，不做过多解释，把时间、精力放在真正需要处理的工作上，而不是一天到晚去做无谓的解释。

三、一句话，一辈子

每个人都有过有句影响一生话，有个爸爸对孩子说：“孩子，只要你好好学习，爸做啥都值了。”这句话被孩子记了一辈子。做企业也有一句应该记住一辈子的话，那就是：什么是我们的战略目标？这句话必须牢记一辈子，刻在心里，刻在脑里，不仅仅是刻在石头上。只有将战略目标刻在心里，刻在脑里，才能真正为了战略目标而力排众议、破釜沉舟、不忘初心、坚忍不拔、傻傻坚持、顽强执着、无怨无悔，才能把战略目标贯彻始终。

第四章 行 动

光有知识是不够的，还应当运用；光有愿望是不够的，还应当行动。

——歌德

世界上有两根杠杆可以驱使人们行动——利益和恐惧。

——拿破仑

我们必须作为思索的人而行动，作为行动的人而思索。

——柏格森

德国思想界的泰斗约翰·菲希特说过：“行动，只有行动，才能决定价值。”战略目标要得以实现，唯一的途径是行动。正如安东尼·罗宾所说，成功者不是比你聪明，只是在最短的时间采取了最大的行动。

——本书作者

第一节　排兵布阵

要有效实现战略目标，一个好的计划是必不可少的。打仗讲究排兵布阵，计划及其执行也要讲究排兵布阵。实行目标管理，不仅是为了更加高效地工作，更是为了便于管理者对员工实施绩效考核提供考核依据与考核标准，使考核更加科学、规范，更能保证考核的公正、公开与公平。

一、计划确定的SMART原则

任何行动必须依据一定的原则，那么，制定战略行动计划需要遵循什么原则呢？那就是SMART原则。

S：Specific，就是目标计划要具体。绩效考核要切中特定的工作指标，不能过于笼统。

M：Measurable，就是目标计划要可度量。绩效指标要数量化或者行为化，验证这些绩效指标的数据信息是可以获得的。

A：Attainable，就是目标计划是可实现的。绩效指标在付出努力的情况下可以实现，不要设立过高或过低。

R：Relevant，就是目标计划与工作具有相关性。绩效指标是与工作的其他目标是相关联的；绩效指标是与本职工作具有关联性。

T：Time-limited，就是目标计划是有时限的。完成绩效指标要有确定的期限。

行动计划必须是具体的，行动计划必须是可以衡量的，行动计划必须是可以达到的，行动计划是要与其他目标具有一定的相关性，行动计划必须具有明确的截止期限。无论是制定团队行动计划，还是员工行动计划，都必须符合上述原则，五者缺一不可。行动计划的制定过程实际上也是企业自身能力不断提高的过程，管理者必须和员工一起，在制定高质量行动计划的过程中不断促进目标达成。

二、计划“七要素”

一份完整的行动计划必须由 7 个部分构成，分别为目标、策略、行动计划、完成时间、责任人、完成标志、资源预计等。

（1）目标。每项计划都应该有明确的目标，而目标则来源于前文提到的目标责任书。

（2）策略。策略是保证目标实现的方向，每项目标可能有一项或多项实施策略。

（3）行动计划。企业在确定目标行动计划的时候一定要遵守前面提到的 SMART 原则，计划项目必须具体、可实施、可达到、与目标及策略相关。杜绝典型的中国式“模糊”管理，大家习惯于“也许、大概、差不多……”的管理风格，在日常工作中强调“你好、我好、大家好”。殊不知，对于企业经营目标而言，无法量化就不能进行有效管理，不能量化的实施计划，只能沦为废纸一堆。

（4）完成时间。在确定某项工作完成时间的时候，要确定四个节点，分别为最早开始时间、最迟开始时间、最早结束时间、最迟结束时间。由于很多计划项目之间会存在前后承接关系，有些计划项目必须是在前项计划项目结束后才能开始，所以在确定完成时间的时候必须综合考虑。

因此，计划完成时间的安排其实是一项非常复杂的问题，而这又是企业很多管理者往往会忽略的一个关键点，所以我们经常会发现企业的计划往往顾此失彼，总是不能统一协调地推进。

（5）责任人。计划责任人指在规定范围内，具体负责实施某项计划的人，该人既有管理权利，同时又要承担责任。

（6）完成标志。计划完成标志有时候也称为里程碑，其实完成标志与里程碑之间是存在差异的。我们经常也拿里程碑来标识一项工作进展的关键节点，而完成标志是必须是一个问题解决完成之后的最终结果。

（7）资源预计。完成一项工作计划项目，很多时候单靠责任人的个人力量是不能完成的，这时候就需要其他的资源，这些资源包括人、财、物、信息等。资源预计是问题解决工作计划当中很关键的一个环节，我们常说：巧妇难为无米之炊。一个人再厉害，缺乏资源的投入与支持，很多时候也只能望洋兴叹！

三、速度第一，完美第二

商战中发现机会需要迅速抓住，有了机会逐步发展，发展中逐步完美。计划制定也是一样，强调的是“速度第一，完美第二”。

“速度第一”，并非是放弃质量，而是捉住可实行的机会，先开个头，再逐步完美。如果一开始就慢了一步，失去了机会，那么后续努力就只能是孤芳自赏，何谈发展，更无法迈向世界。

速度逻辑的精髓潜藏了“实践出真知”的道理：发展中的问题，要在发展中才能解决。

0.000000001永远大于0，有的人为了追求完美，最后一个差的结果也没有。在执行过程当中可以追求完美，但是速度应该在完美之前，追求速度比追求完美更重要。所有的事情好的结果都不是完美的，所以先要追求速度，先要追求一个差的结果也比没有结果强。

所以，我们先不要追求一个完美的计划，先拿到一个一般的结果，再去不断完善、不断完美。

第二节　执行有力

俗话说，“三分战略，七分执行”，可见执行的重要性。对个人来说，执行力是领导力的一部分，对公司来说，执行力是企业成败的关键。

一、时间表、路线图

1. 时间表

时间表是进度管理的一种方式。它是将某一时间段中已经明确的工作任务以表格的方式清晰地进行记载和明确地表示出来，用来提醒使用人和相关人按照时间表的进程行动，有效管理时间、保证完成任务的一种方法。

时间表的分类：

（1）年度时间表；

（2）季度时间表；

（3）月时间表；

（4）周时间表；

（5）日时间表。

时间表的编制方法：

（1）根据需求确定编制时间的周期；

（2）收集并列出该阶段所有工作、活动或任务；

（3）发现活动有矛盾，主动与负责人协商，及时进行调整；

（4）按照时间顺序将任务排列清晰；

（5）绘制表格，标明日期、时间和适合的行、列项目；

（6）用简明的文字将信息填入表格，包括内容、地点等必要信息。

在办公室中，也可以为多人执行工作的情况和行动编制时间表，这是表格中的行或列将填写人员姓名，使得人人都能通过时间表了解大家的工作日程。

2. 路线图

路线图是指应用简洁的文字、图形、表格等形式，描述管理过程的步骤及各个环节之间的逻辑关系。它能够帮助我们明确该领域的发展方向和实现目标所需的关键步骤，理清目标与手段之间的关系。路线图具有高度概括、综合和前瞻性的特征。

路线图是一种结构化的工作规划方法：

（1）它作为一个过程，可以综合各种利益相关者的观点，并将其统一到预期目标上来。

（2）它作为一种产品，纵向上，它有力地将目标、资源及市场有机结合起来，并明确它们之间的关系和属性；横向上，它可以将过去、现在和未来统一起来，既描述现状，又预测未来。

（3）它作为一种方法，可以广泛应用于技术规划管理、行业未来预测、宏观管理等方面。

路线图是将人员、技术、管理、市场和环境等要素紧密结合的有效手段，可以形成对企业资源的有效管理，提升企业竞争力。因此，路线图是实现企业的知识、环境、战略、技术开发、人力资源等最佳组合，是建立企业中人与人、人与信息之间联系的有效管理工具。

路线图的各个组成单元与管理的核心内容构成了一个闭环，在提供了一个工具的同时也描述了一个过程，促使在某一特定环境下获取、理解、组织甚至创造知识，有利于提高决策能力并实现资源共享。在组织层面，核心团队之间可以通过路线图相互沟通、彼此理解。它将分散的信息整合到一个平台上供大家共同使用。

其中典型的有甘特图。甘特图通过横道图或者条状图来显示项目、进度和其他与时间相关的系统的进展状况及其内在关系的进展与变化。

（1）甘特图的含义。甘特图以横轴表示时间，纵轴表示项目，线条表示期间计划和实际完成情况。甘特图直观地表明了计划何时进行。计划进展情况以及与要求的指标的对比情况，十分方便管理者弄清项目的剩余任务，便于评估工作进度。

甘特图按内容不同，分为计划图表、负荷图表、机器闲置图表、人员闲置图表和进度图表五种形式。

（2）甘特图的特点。甘特图的特点就是重点突出了生产管理中的时间要素，使我们对下列情况一目了然：

①计划产量与计划时间的对应关系。

②每日实际产量与预定计划产量的对比关系。

③一定时间内实际累计产量与同时期计划累计产量的对比关系。

（3）如何绘制甘特图。

①明确项目牵涉到的各项活动，内容包括项目名称、顺序、开始时间、工期。

②创建甘特图草图。将所有的项目按照开始时间、工期标注到甘特图上。

③确定项目活动依赖关系及时序进度，按照项目的类型将项目联系起来，并安排项目进度。

④计算单项活动任务的工时量。

⑤确定活动任务的执行人员及适时按需调整工时。

⑥计算整个项目时间。

二、执行力=做好了

要认识“做了”与“做好了”的区别。在工作中，“做了”和“做好了”虽然仅一字之差，但差别还是很多的。前者只是完成了某项工作，而后者则除了要求完成工作，还要有一个好的结果。面对一项工作，如果你抱着“差不多”的心态，只是完成了事，而不注重结果，注定不会成功。

虽然，“做了”与“做好了”仅有一字之差，但二者的本质是完全不同的。前者执行了但执行得不到位，只是走过场或应付了事；而后者不但完成了，而且到位了，它代表着对自我目标负责、对上级组织负责、对公司利益负责。因此，不管是什么任务，一旦执行，就应付出 100% 的努力。

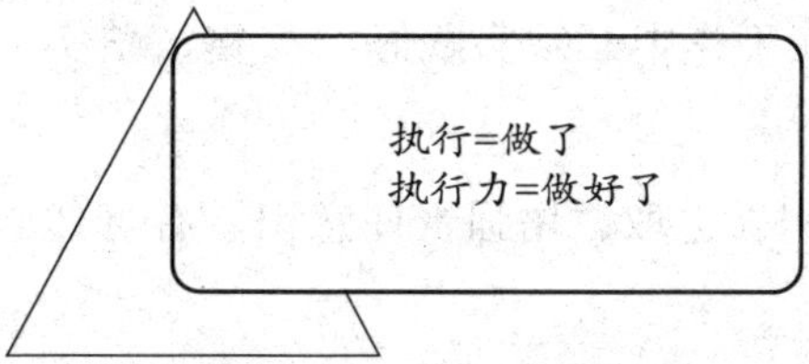

执行力是企业管理中最大的黑洞，作为管理者，重塑执行力关系重大。事实上，要制定有价值的行动方案，管理者必须同时考虑团队是否有足够的条件来执行。要明白，策略原本就是为执行而拟定的。所以，提升企业的执行力十分重要。

1. 如何提升执行能力

解决问题的能力不足，主要反映在执行能力的欠缺。一项工作要想能够顺利开展，首先要“会做”。要考虑员工能力的发挥水平与团队投入的程度以及与此相关的资源现状。

（1）要对执行人员进行执行前的强化培训，让执行人员明白自己要做什么？该做什么？做到什么程度？这样，才能目标一致、执行到位、各尽其责。

（2）要明白工作的依据。工作依据是工作执行力的基础，要知道自己做的每一件事的依据所在。

（3）要明白工作控制的关键点。工作控制点就是在工作中按照工作程序需要我们签字的地方。签了字，就要负起相应的责任。

2. 如何强化执行动机

一个员工除了“会做”，还要“肯做”。“肯做”就是有工作意愿。每一位员工都要充分发挥主观能动性，都要有责任心。接受工作后，应尽一切努力、想尽一切办法把工作做好。中基层管理者和一线员工一定要有实干精神，踏踏实实做好工作。一方面，要了解每个员工的工作习惯，分辨出谁在认真做事，谁在偷让耍滑，要有针对性的管理。另一方面，要观察员工遇到困难时处理问题的正确性和果断性，并知道如获取帮助来完成工作任务。

3. 如何端正执行态度

“有令不行，有禁不止，违规操作”是执行态度不端正的具体表现。要端正执行态度，在工作中必须实践好“严格、踏实、迅速、创新”的八字要求。

（1）严格。要积极进取，增强责任意识。有责任心和进取心就可以做好一切工作。

（2）踏实。要脚踏实地做事，树立实干作风。虽然分工各有不同，但只要以埋头苦干、兢兢业业的作风，在每个平凡的岗位上都可以作出不平凡的工作。

（3）迅速。要提高办事效率，强化时间观念，克服懒散、拖拉的恶习。

（4）创新。要开拓创新，不断改进工作方法。

在日常工作中，要敢于突破思维定式和传统经验的束缚，不断寻求新的工作方式方法，加大执行力度，养成善于学习、勤于思考的好习惯。

三、行动决定价值

郭启宏的《白玉霜之死》第八章有云："俗话说：'夜里想起千条路，早起还是卖豆腐。'夜里打的总是如意算盘，早起一琢磨也便自我否定了。"这句话的意思是空想没有用处。

大部分人都是有上进心的，非常想进步，想变得更好，我们也想过学更多技能来提升自己，可是我们往往是心动的时候多，行动的时候少。

其实，绝大多数人都喜欢一种自由自在的生活状态，但实际上是很难做到的，渴望自由并没有错，但自由是什么呢？哲学家康德说过："所谓自由，不是随心所欲，而是自我主宰。"自我主宰是一种境界，耐得住寂寞，抵得住诱惑，顶得住压力，抗得住打击，经得住考验，持之以恒地坚持自己的原则与行动。

执行得不好，说到底，其实是一个人对自己和结果不负责任的表现，而这样的人在职场中是很难提升自己的竞争力的。因为竞争力的基础是执行力，执行不到位，就会谬以千里，你之前描绘再好的蓝图也只是一张废纸，你交出来的最终结果对企业没有任何价值，不过是在浪费人力、物力、财力罢了。所以，身为企业员工，一定要在实际行动中把任务执行到位，对自己和结果负责，这样才能在"做完"的基础上"做好"，逐渐提高自己的核心竞争力。

四、撸起袖子加油干

"撸起袖子加油干"是我们对未来作出的承诺。做企业，就是要以"等不起"的紧迫感、"慢不得"的危机感、"坐不住"的责任感，撸起袖子加油干，苦干实干拼命干，扎扎实实推动工作落地见效。只有这样，才能展现自我，实现作为，创造新辉煌。

首先，“撸起袖子加油干”是一种态度。俗话说，说得好不如干得好，喊破嗓子不如甩开膀子。撸起袖子就是准备大干一场的态度，态度决定行动。我们都知道，当人们准备下田干活的时候，都要撸起袖子。撸起袖子就是告诉自己，同时也告诉别人：我要卖力干活了。这是一种态度，一分耕耘一分收获，态度就像一面镜子，你用哪一面来面对它，它回报你的也是哪一面。

同时，态度是行动的先导，有什么样的态度就决定了你有什么样的行动。理想再远大，目标再具体，没有一个鼓足干劲的态度，怎么可能有坚持不懈的行动？没有坚持不懈的行动，又怎么能实现理想、达成目标？

所以，我们必须从树立鼓足干劲的态度开始，我们必须从全力以赴提升业绩的态度开始。

其次，“撸起袖子加油干”是一种意志。人无志不立，国无志不强，空谈误事，实干兴业。撸起袖子就是一种真做实干的意志。世界上的任何事情都是认认真真做出来的，实实在在干出来的。如果你不能意志坚定地把梦想变成现实，梦想就会变成空想。所以，我们必须从树立真抓实干的精神开始，我们必须从立志做更优秀的企业人开始。

最后，在这个世界上，没有白走的路，也没有白受的苦。为了梦想和生活，流再多汗水都值得。请相信，天上不会掉馅饼，努力奋斗才能梦想成真。请记住，每一个不随风起舞的日子，都是对生命的辜负，只要我们不忘初心，撸起袖子，鼓足干劲，埋头苦干，真做实干，就一定能够梦想成真！

第三节　排除万难

毛泽东在《愚公移山》一文中写道：“下定决心，不怕牺牲，排除万难，去争取胜利。”在此后的社会主义革命和建设中，这句口号激发了全国人民的精神，让他们全身心地投入到为解放事业和国家经济建设中，给艰苦奋斗的人们增强了战胜困难的信心和勇气，增强了力量，起到了难以估量的作用。今天，我们做企业，同样需要这种精神。

一、最大的危险是不行动

美国前总统肯尼迪说："最大的危险是无所行动。"让·保·里克特也说："只有行动才能给生活增添力量。"他们都道出了行动的重要性。

开始行动要优于单纯的思考。我们一般都有个特点，喜欢在做事情之前先想一想。但是当你想得特别多的时候，往往会让事情变糟。当然，你可以尽情想象，但是空想并不能改变形势。实际上，只想不做是不能改变任何事情的。因为想象和思考只会让你原地踏步。

行动是成功的开始，等待是失败的源头。行动是实现企业目标最亮丽的风景，它照亮自己，也给周围的人带来力量。拿破仑·希尔曾说："想得好是聪明，计划好是聪明，做得好是最聪明。"是的，唯有行动才能实现梦想，唯有行动才能走向成功。行动是实现梦想的硬性指标，只有让行动变成了习惯，才能达到知行合一的境界。

二、少说多做

很多时候，我们需要更多地去做工作，而不是光说我会做什么。很多人就是喜欢说，但是做的时候就非常犹豫不决，不知道先做什么、后做什么，结果就是"光说不练假把式"。要做好企业，就要努力做一个少说多做的人。如何做一个少说多做的人呢？

（1）管好自己的嘴，在成功之前请不要满口大话。作为一个年轻人，不要轻易说我能干什么做什么，好像懂得挺多，结果真让你做的时候又没有做好，把自己说过的话变成说大话。

（2）多说自己的不足和需要提高的方向。"谦虚的态度+真正的努力"才是比较合适的工作态度。

（3）尽量多做。有的时候，就是要把你说的或者上级交代的事情一折不扣地完成，特别是现在人普遍比较浮躁，做事的时候喜欢和利益挂钩。很多人在"做"这方面没有认识到位，结果常常是一件事情拖拖拉拉，导致什么事都完成不好。

（4）从做的事情中领会想法，然后挑选时机，选择合适的时候说一些自己的想法。特别是一些建设性的意见，因为这些想法往往来源于你的切身工作体会，比较接地气。

（5）做事的时候，切忌犹豫不决，要做工作，就不要担心这个、担心那个，畏首畏尾是做不好任何事的。

（6）说和做要结合，有的时候需要一边做，一边记录，一边和周围的同事交流。现在都讲究团队，要有一个合适的团队才能出一些真正的成果。

三、不做“语言的巨人”

屠格涅夫在《罗亭》描绘了一个“语言的巨人，行动的矮子”——罗亭。罗亭接受过大学教育，经历丰富，且能言善道，与大多数青年一般向往着美好的生活、事业和爱情，但是最后他却过着贫困潦倒与漂泊的生活。

或许很多人也如罗亭一般，每年年初时都会给自己写满一纸计划，或是在朋友圈里豪气满满地立出各种旗帜，给人各种美好遐想。但是最后，他们的那些所谓计划因为主人的时间管理不恰当、懒惰等不了了之。

曾经见过有的年轻人为了激励自己减肥，把微信头像换成“不瘦十斤，不改头像”，前期还在朋友圈里晒着自己在健身房刻苦健身的照片、视频，可是随着时间的推移，类似的更新越来越少，最后偶有一、两人确实减到理想体重了，但是大多数人成了行动上的矮子。他们因为缺乏韧性、耐力，坚持不了了索性放弃，告诉自己吃完了再减肥。试问，减个肥都如此，那其他事情呢？

光说不做、没有执行力、做事拖拉，殊不知，这些坏毛病会阻碍你通往成功的道路。但是，如果你从今天起日积月累，早晚会让同伴们望尘莫及。

我始终坚信一句话：人生没有“如果”，只看“结果”。也许这段过程会有点长，但是只要最后预期目的达到了，那就是成功。如果永远只做“语言的巨人，行动的矮子”，那么你永远都不可能成功。

四、山不过来，我就过去

“山不过来，我就过去”是源自《古兰经》的一个故事：

先知穆罕默德，有一天和他的门徒在山谷里讲道，他说：“信心是成就任何事情的关键。”

一位门徒说：“老师，您有信心，能让那座山过来，让我们站在山顶吗?”穆罕默德对他的门徒满怀信心地答应了，对山大喊一声：“山，你过来!”山谷里响起了他的回声，“山，你过来!”回声最终消失，山谷又归宁静。大家都聚精会神地望着那座山，穆罕默德说：“山不来就我，我便去就山。让我们去爬上这座山吧。”于是他们开始爬山，经过一番努力到了山顶，他们因信心促使希望实现而欢呼。①

这是人们熟知的一个典故。山并没有过来，穆罕默德却翻过了那道山。既然对方不能主动迎合我的想法，那我就主动来迎合对方的想法。这本来是常被用来讽刺那些政治骗子的谎言，也在提示人们：在客观环境改变不了的时候，人要改变主观信念。

很多时候，我们改变不了事情，也改变不了他人，我们要做的只能是适应。适应不是简单的顺从，而是看透一切后的接受，是大彻大悟后的坦然。不要总想着去改变别人的想法，总试图去改变环境，如果环境并不像预期那样改变，就会产生各种不满、愤慨、抱怨，像怨妇一样，这不是我的风格，所以，我要改变自己去适应新的环境，试着改变自己的说话方式、工作态度，让自己开心地去工作，而不是仅靠音乐来调节情绪、排解忧愁。

第四节　评价有效

绩效评价是企业管理部门运用一定的评价方法、量化指标及评价标准，对执行部门为实现其职能所确定的绩效目标的实现程度以及为实现这一目标所安排预算的执行结果所进行的综合性评价。绩效评价的过程就是将员工的绩效成果同要求其达到的工作绩效标准进行对比的过程。

要做到有效评价，就要建立一个科学的评价系统。

---

① 佚名．职业道德与法律［EB/OL］．（2018－12－26）［2019－12－15］https：//wenku. baidu. com/view/50efda1ff56527d3240c844769eae009581ba23f. html？from＝search.

一、既讲结果，也看过程

很多老板说，我只要结果，不要跟我叽叽歪歪讲过程。而很多经理人，特别是大企业出来的管理人员，讲究的是按部就班，讲程序和流程，关注的是过程。

欧美国家企业员工素质高，职业化程度高，当然可以只强调结果；日本企业一向一丝不苟，有板有眼，强调的是过程，讲究的是水到渠成。国内企业管理者头疼的问题就是执行力不强的问题。

管理不但要强调结果，同时也要关注过程；过程能够按照你所希望的方向发展，才能最终保证你所希望的结果的出现。离开过程，只谈结果，是不负责任的表现。

二、建立目标绩效评价体系

一个科学合理的目标绩效管理体系是如何建立起来的呢？实施过程包括哪些核心步骤呢？基于多年的管理实践经验，我们将目标绩效管理体系的设计过程分为五个核心步骤，分别是：建立战略地图、建立绩效指标词典、绩效计划与绩效辅导、绩效评价与考核、绩效激励与结果应用。

1. 建立战略地图

目标绩效管理体系建立的起点是建立战略地图。根据卡普兰、诺顿提出的平衡计分卡和战略地图理论，战略地图的核心内容是：企业通过运用人力资本、信息资本和组织资本等无形资产（学习与成长），创新和建立战略优势和效率（内部流程），进而使公司把特定价值带给市场（客户），实现股东价值（财务）。

2. 建立绩效指标词典

绩效指标词典是指公司根据公司战略地图进行目标分解、衡量指标确定、指标定义、指标运用等一系列工作的总和。

建立绩效指标词典的核心环节包括绩效指标确定、指标定义、指标规划等。绩效指标词典不但可以应用于对部门绩效的考核中，还可以应用到对岗位、对员工的绩效管理过程中，并对公司的绩效改进和调整、部门计划管理、员工培训、员工职业生涯规划等环节。

绩效指标词典因为公司的发展战略而存在，也必将因为公司战略目标的不断调整而完善。绩效指标词典不是静止的，它需要根据公司战略重点的变化与调整进行动态完善。一般来讲，绩效指标词典会根据每月、每季各部门和公司的绩效状况进行调整。

3. 绩效计划与绩效辅导

部门KPI确定后，公司需要组织各部门编制达成本部门KPI的绩效计划，绩效计划应该包括KPI实现的具体措施、计划项目、起止时间、责任人等项目，绩效计划编制完成后，还需要在公司各部门之间进行评审，以保证计划项目的可实施性和对KPI的支撑程度。

4. 绩效评价与考核

绩效评价是目标绩效管理体系的核心。在很多公司，由于缺乏科学的绩效评价和考核机制，目标绩效管理体系最终会流于形式。在评价和考核的过程中，需要注意以下几个问题：绩效指标选择、绩效指标权重设置、绩效目标设定、指标考核方法与加减分描述、绩效数据收集、绩效面谈。

5. 绩效激励与结果应用

评价一个目标绩效管理体系是否合理，最重要的一项指标就是对员工是否具有激励性。根据企业的实际状况，合理设置激励措施是非常有必要的，绩效结果可以在短期绩效奖金（月度绩效奖金、季度绩效奖金、项目奖金等）、年终奖金、薪酬调整、员工福利（年度旅游、弹性福利、培训基金等）、职位异动（升迁、降级、调岗、辞退等）、员工发展计划（优才计划、梯队建设等）、支持管理决策（年度经营目标调整、年度经营措施优化等）和其他应用中体现。

第五节　享受过程

一、我工作，我快乐

俗话说：“凡事都需要脚踏实地地去完成，不驰于空想，不骛于虚声，唯以求真的态度作踏实的工夫。”对待工作，我们始终要有一股执着的热情；对待奉献，我们始终要怀有一腔热忱的心情。我们要做到意识责任到位、管理工作到位、工作细致到位；对生产状况有数，对市场状况有数，对资源状况做到心中有数。

> 只有工作着，才是快乐的。

周一到周五，对有些人是痛苦的，因为一大早就要从暖被窝里爬起来，去面对琐粹的工作。作为一个员工，如果有一天真的失业了，整天无所事事，真的会感到快乐吗？作为管理人员，一年365天没有星期六、星期天，天天都是上班。不管严寒酷暑，不管是烈日当空还是大雨纷飞，都是连轴转，从早忙到黑。如果你劝他少操点心，他相反会觉得空虚。因为充实的工作是一个人最好的归宿。工作会让我们赢得尊重，赢得认可，所以工作是快乐的。

人生的价值到底是什么？一些人在思考，一些人在追求，一些人在困惑迷惘。作为员工，其实人生价值观很简单，就是做好每一天，干好每件事，爱岗敬业、无私奉献，在岗位上寻找快乐。

有时工作是辛苦，但是只有真正的付出，才能得到生活的满足，尤其是不懈息的工作，更给人以欣慰与快乐。雷锋就这样说过：“如果你是一滴水，你是否滋润了一寸土地？如果你是一线阳光，你是否照亮了一分黑暗？如果你是一颗螺丝钉，你是否坚守了你的岗位？”简单的话道出了真理般的工作态度：像螺丝钉一样坚守你的岗位，这是我们的责任与义务。

爱岗敬业说起来简单，但做起来不是想象的那样简单，需要我们勤恳地坚守和默默的奉献。工作中，每一个员工都要努力做到服从脚踏实地，快乐上班，在工作中去实现自己的人生价值。

二、辛苦也幸福

辛苦与幸福是人生的一对孪生姐妹。不辞劳苦辛勤工作的员工，终将从工作中找到幸福的感觉；经常透支幸福的人，终将终身与辛劳结伴同行。

一个女性，做母亲的感觉是幸福的，但十月怀胎又是十分辛苦的；一位老师，培育学生的成长是辛苦的，但当桃李满天下的时候，他又是幸福的；拼搏在职场的每一个员工有流不尽的汗水，但当终出成果的时候，他又是幸福光荣的。

所以，幸福与辛苦，更多的时候是一种心态，品尽追求中辛劳酸楚，才能品尝到目标实现时的甘甜。

幸福与辛苦就是一种取舍。懂得“舍得”之人，只有善于“舍却”之人，才能得到真正的“幸福”。

依我说，幸福与辛苦就是一种感觉。懂得“辛苦”之人，才会真正领悟什么是“幸福”。常言道：一分辛苦一分甜，只有善于“辛苦”之人，才是真正的得到“幸福”之人。

辛苦过后就是幸福，辛苦和幸福是同存的；人不可能什么时候都是辛苦或是幸福，在辛苦的同时，幸福也存在。

第五章 激 情

当你工作和研究的时候，必须具有强烈的激情。

——巴甫洛夫

人生，始终充满战斗激情。

——惠特曼

“带着激情去工作”折射的是一种境界，只有融入情感的力量、保持激情的状态去工作，才能体会到辛勤工作所蕴含的温度与厚度，才能激荡起让我们夜不能寐的梦想与抱负，才能真正品味到工作的价值及真谛，我们也必将得到一个更多快乐、更为充实、更有意义的、美好如画的职业人生。

——本书作者

第一节　引爆核能

核能是世界上威力最大的能量之一，人的潜能也是核能，而引爆人的核能的导火索就是激情，激情生活，激情工作。

一、使命感是动力之源

使命原指出使的人所领受应完成的任务，现在泛指组织或个人应尽的责任。

马克思曾说过："作为确定的人、现实的人，你就有规定，就有使命，就有任务。至于你是否意识到这一点，那是无所谓的。这个任务是由于你的需要及其与现存世界的联系而产生的。"也就是说，伴随着人的出生，使命便降临到每个人身上。使命是客观存在的，是不以人的意志为转移的，无论你是否愿意接受，甚至无论你是否意识到或者感觉到它的存在，它就在那里。

使命感是一个人对社会、时代和国家赋予的使命的一种感知和认同。每个人在使命感的指导下完成自己的使命，实现自己的人生的价值。

作为一个人，是注定要有使命感的。有了使命感，人就会珍惜人生、珍惜生命、珍惜工作、珍惜生活；相反，如果一个人缺乏使命感，那么，他就会缺乏做人的内在激情与动力。

所谓人生的使命，就是人作为人的责任与义务。每一个来到人世间，是有自己的责任与义务的。遗憾的是，很多人不但意识不到自己的使命，甚至不知道使命是怎么回事。正因为如此，这些人从来就没有使命感，也缺乏做人的激情与动力，缺乏应有的责任心与义务感。

使命感是人的内在的恒久的核心动力。一个人的使命感越强烈，其人生希望也会越强烈；其工作激情与生活热情越强烈；其人生责任感也越强烈。具有强烈使命感的人，就像毛主席所说的，是一个纯粹的人，一个有道德的人，一个脱离了低级趣味的人，一个有利于人民的人。

如果一个人对使命缺乏应有的认识，缺乏使命感，那么，这种人就不会真正懂得人生的价值与意义，也不会承担起人的责任与义务。一个人如果没有使命感，其人生就形同行尸走肉。

在工作中，使命是员工前进的动力；使命感是员工提升的动力之源，要把工作视为“事业”，把工作视为社会赋予的责任。有使命感的员工，工作就会比别人更有热情，比别人做得更出色、更高效、更到位。如果没有使命感，就没有毅力坚持下去，没有责任感，就很难对自己、对别人负责。没有责任，就不会成功。所以，我们要为做人的使命感而活，这样可以看到人生追求生命真意不屈的努力和坚持，获得更高层面的认知、活成更好的自己。

二、激情重于能力

对于工作激情，比尔·盖茨是这样说的：“每天早晨醒来，一想到所从事的工作和所开发的技术将会给人类生活带来的巨大影响和变化，我就会无比兴奋和激动。”在比尔·盖茨看来，一个优秀的企业员工，最重要的素质是具有强烈的工作激情，而不是工作能力。微软正是有他的这种理念和核心文化，才能够在 IT 界傲视群雄。

在能力之前，激情更重要。我们常说笨鸟先飞、勤能补拙，一个能力强的人很容易做好一件事，容易得到他人的认可，但要真正地做踏实一件事，并持之以恒，还是要靠激情来维持。对事对物的激情，能激发一个人最深处的才华。

激情来自于兴趣，更多的是来自于责任。

热情是一种精神特质，是一种积极的精神力量，是从来就具有的，只要你善加利用，可以将它转化为巨大的行动能量。你内心里充满要帮助别人的热情，你就会兴奋，你的精神振奋，也会鼓舞别人工作，这就是热情的感染力量。

三、活力成就创新

有人认为“态度决定成败”，我觉得这个观点十分正确。在条件不变的前提下，一项工作的成败主要取决于其工作态度。积极、主动的态度，工作效果就会好；消极、被动的工作态度，效果就会差很多。所以员工的工作态度对于一个团队、一个公司来说是十分重要的，值得我们研究、思考和大力提倡。

从行为学的角度看，一个人在充满激情的时候是最富想象力和创造力的，只有这个时候，人的思维和行动才是主动的，潜能才会得到最大限度的开发，才有可能富于创造性地工作。

为什么说激情是创造性工作的源泉呢?

1. 激情是激发工作热情的原动力

对于一个人而言，如果对一项工作充满激情，就会有极大的热情和极大的耐力；在面对困难的时候，就会百折不挠，勇往直前，不达目的誓不罢休。反之，则会有相反的结果。

工作，特别是管理工作，是变数最多的一项纷繁复杂的工作，我们每天醒来不知道将会发生什么事情，不知道这一天要面对什么问题，而且不会给你太多的时间让你慢慢地处理，更多的时候是你必须马上处理。对这个行业不热爱的人，天长日久就会滋生懒惰心理，能尽快处理的事情就尽量拖，不能处理的事情就靠边站，久而久之，业绩下降，离被“砍”的日子不远了。

一个员工，特别是一个管理人员，只有热爱这个行业，对这个行业充满激情，才会有更大的工作热情，才会真正地做好这项工作。

2. 激情是灵感的源泉

世界上有一个公认的公理，就是艺术家的灵感是通过激情产生的，有了激情才会有灵感。企业管理工作是一门学问，同时它也是一门艺术，它是一种思想艺术、一种行为艺术，缺乏灵感的工作状态始终是有缺憾的，是不完美的。

大家知道，企业管理工作的复杂性是有目共睹的，在信息时代的今天，产品同质化，价格差异化越来越小，大家竞争的是什么？是速度，速度就是业绩，就是金钱。因而在处理问题的时候，有时需要灵感，它会大大加快我们处理问题的速度，在竞争上先人一筹，从而取得竞争优势，创造出良好的业绩。

3. 激情是创造性工作的源动力

人只有有了激情，他的想象力才会大大地丰富起来。我们不难想象，一个没有想象力的人能有创造性的工作。

我们回顾世界管理大师的历史不难发现，哪一个管理大师不是对工作充满了激情？哪一个大师不是对工作充满了热爱？

各项工作需要满怀热爱的人，更需要有激情的人，不同时具备这两个条件的人，是很难做好工作的。

4. 激情是催人奋进的催化剂

对一项工作充满了激情，就会使人总感觉空空如也，就会让你不断地学习，不断地吸纳新知识，不管从哪里得来，是从书本还是从实践中，甚至是从你的敌人那里来。总之，它会使你成为一个不知满足的人，最后，它会使你成为这个行业的佼佼者。

第二节　极度专注

专注就是专心注意，集中全部精力去完成一件事。互联网正在改变我们，使我们失去缜密思维和深度思考的能力，有时候专注就成了一种稀缺能力。很多成功人士都有一种专注能力、一种极客精神、一种死磕精神，锲而不舍，最终走向成功，因此，可以说专注成就未来。

专注是一种能力；
极度专注是一种境界。

无数名人事迹告诉我们，在有些人看来，专注是傻，是不知变通，殊不知，正是这样的一种专注精神，在一个行业、一个领域精耕细作、潜心研究，最终走向成功。

专注者善于进行深度的思考，在层层深挖的过程中探寻事物的本质。专注是扎根某一领域，探究事物的本质，而不是华山一条道，不撞南墙不回头。专注是科学地制定自己的目标和规划，懂得哪些应该做、哪些不应该做、哪些应该先做，分清主次，排除外界干扰，专心致志地做好一件事。

一、心无旁骛

专注其事，成功之道；
心无旁骛，方能致远。

在钟表界，菲尔德原来领先于汉斯，但后来菲尔德却败给了技术不如自己的汉斯。为什么？因为汉斯专注于钟表，潜心钻研；而菲尔德兼营其他生意，放松了钟表的研发，最终在竞争中败落。

在企业经营活动中，许多企业像菲尔德那样，总想鱼和熊掌兼得，可结果往往是两手空空。在成功的道路上，三心二意从来不会带来胜利；心无旁骛，专注其事，方能致远。

马云、王健林、刘强东等商业巨子，都以迅雷不及掩耳之势，刷新财富奇迹。其成功的背后，无不是一颗矢志不渝的专注心。

通往成功的道路上，有鲜花，也有荆棘，只有不贪恋路边风景的人，才能抵达成功的终点。一句话说得好：心无旁骛，才能成功；专注其事，方能致远！

二、永不懈怠

人是精神动物，精神状态决定事业兴衰。保持锐意进取、永不懈怠，是我们取得胜利的重要法宝。如今，企业转型更到了一个“船到中流风浪急，人到半山路更陡”的时候，需要全体员工始终保持锐意进取、永不停步的精神状态，才能攻坚克难，勇立潮头。

做企业从来没有一帆风顺，每时每刻都面临着各种风险与挑战。面对艰难险阻，我们要始终永不懈怠、一往无前，才能取得令人瞩目的成就。企业刚刚组建，大多数人会有一股冲劲，当企业发展到一定规模后，就会不进则退。如果没有勇于担当、敢于作为的勇气，善于求真务实、攻坚克难的作风，以百倍的信心去战胜艰难险阻，就不可能创造新的更大成就。只有树立远大理想，克服骄傲自满、故步自封，精神抖擞、整装修发，才能取得新的胜利。

良好的精神状态，就是勇于担当，将决心落实到事业的实干上面去。伟大的梦想不是等来的、喊得来的，而是拼出来的、干出来的。要创造辉煌的业绩，就需要我们逢山开路、遇水架桥、勇于担当、攻坚克难。

如果你在做一件事情之前，能够想清楚这件事的意义，赋予它意义。不论是对你自己的意义，还是对工作的意义，都会让你对这件事充满热情。

三、成功者都是偏执狂

偏执，从某种意义上来说，是一种严格自律、绝不放弃、绝不退缩的顽强拼搏精神。偏执狂，就是对目标有着锲而不舍的追求，致使这种追求近乎病态。正是因为偏执狂不惧怕任何嘲笑、白眼，一旦确立了目标就勇往直前，对目标有着超乎常人的执着，所以才能够获得最终的成功。然而，偏执狂时常不被认可。在有些人看来，他们是一种固执，是不懂变通。他们觉得，既然在某条路上行不通，就应该换条路再走，而不是一条道走到黑。可是，在这个世界上，总有一些人对自己热爱的事情有一种超乎寻常的偏执，他们的心中装满了那种对梦想和追求近乎偏执的热情。如果一个人能将这种热情用在他的工作、事业或梦想上，那他必将成为一个无比出色的人，一个无愧于自己人生的人。

马克·吐温的名著《傻瓜威尔逊》中有一句话：“愚蠢的人说，‘不要把所有的鸡蛋放在一个篮子里’而聪明的人却说：‘把你的鸡蛋放在一个篮子里，然后看管好那个篮子。’”聪明的人选择偏执，是因为他相信，他对自己所做的事有足够信心，所以他愿意孤注一掷。偏执狂在自己热爱的事物上执迷不悟，未尝不是人生的一大乐事。总有人说，这个世界上能够纯粹坚持一件事的人不多了，可我始终相信，只有对一件事足够纯粹地执着到偏执的状态，才能在其中投入更多的创造力，才能将这件事做到极致。

第三节　忘我状态

人有三重境界，“有我”是第一重境界，意在不等不靠，主动参与；“忘我”是第二重境界，意在学深悟透，融会贯通；“无我”是第三重境界，意在甘于奉献，矢志不渝。

工作是我们这一辈子最长经历的事情，要想工作获得好的成就，就需要投入，需要忘我的工作状态。进入忘我的工作状态需要选择挚爱、培养兴趣、敢于挑战、排除杂念、寻找乐趣、期待目标。

一、没有任何借口

前几年有一本十分畅销的书，叫《没有任何借口》，讲的是关于西点军校传授给每一位新生的第一个理念——没有任何借口，努力完成任务。

“没有任何借口”首先是一种自我负责的精神，只有具备了这种自我负责的精神，人才能对工作、对企业、对社会负责。“没有任何借口”的理念包含了目标、自尊、自我责任、正直、服从、宽容等品质，每一种品质都是我们迈向成功的一级阶梯。拒绝借口，伟大的事业才可能产生。

制造和接受借口会让我们产生一系列问题，愤恨、抱怨、推诿、卸责、拖延会随之而来，并在我们的事业中不断恶性循环。如果意识不到自己正在找借口，说明这已经成为一种可怕的、下意识的习惯，而这一习惯会因为和其他习惯于找借口的人同流合污而变得更加顽固。

“没有任何借口”是世界上唯一的、没有国界的，获得众多个人、企业和组织认可的成功方法；它是建立在稳固、简单的、可操作的核心价值观之上，它帮助你重塑团队，并将你和你的团队的执行力带往更高的水平，让你自己和你的企业达到你不敢想象的高度。

二、从小我到大我

习近平总书记在南开大学视察时指出：“只有把小我融入大我，才会有海一样的胸怀、山一样的崇高。”立德树人，以德为重。“才者，德之资也；德者，才之帅也。”“德”是方向，只有方向正确，才能在正确的道路上奔跑。

要做到把小我融入大我，就要有集体荣誉感。什么是集体荣誉感？一种热爱集体、关心集体、自觉地为集体尽义务、做贡献、争荣誉的道德情感。它是一种积极的心理品质，是激励人们奋发进取的精神力量。

在团队建设中，如何培养集体荣誉感呢？笔者认为，可以从以下方面着手：

1. 认识自我，增强认同感

每个团队成员都具有不同的个性特点，让他们融入集体，让他们认识到个人在集体中存在的价值是十分重要的。作为管理者，我们应给予正确的引导。在让员工认识自我的同时，增强他们对集体的认同感，感受自己是集体一员的重要。一个团队成员能否真正认识自我、肯定自我，提高自我认同程度，关系到如何塑造自我形象、如何把握自我发展、如何抉择积极或消极的自我意识，这将在很大程度上影响或决定着团队成员的意志、情感、个性、自信心、自主性、创造性、学习兴趣、学习能力以及适应社会的能力。因此，在企业文化中，我们要高度重视培养团队成员的自我认同感，把自我认同感的培养贯彻到各项工作的始终。

> 自我认同是个人适应社会、发展自我的重要素质。

2. 赏识他人，产生归属感

在感受到自己是集体的一员之后，我们就要解决考虑怎样让员工认同这个集体。集体是由自己和他人组成，要认同这个集体，首先要认同集体中的其他人。如何来解决这个问题，首先要学会发现他人的优点。另外，一个人当得到他人的赏识、认同后，自然而然地会对他人产生信赖，最终达到相互信赖。把集体中的每个人当作家人一样的信赖，集体就有了家的感觉，从而最终形成集体归属感。

3. 包容不足，在互勉中共进

人无完人，在我们充分感受别人的优点的同时，要指导团队成员发现自己的缺点，包容他人的不足、多元全面客观地评价他人。每一个人都有与生俱来的发展能力、创新能力，这些能力在每个人身上是以不同的方式、不同程度组合的，从而具有各自的特点和表现形式。因而，我们应该包容他人与众不同的性格和能力，允许他人个性和谐的发展。当然，自己也要认识到自己的不足，并充分借鉴他人的长处来弥补自己的不足，从而不断完善自己的人格。这样，相互学习、取长补短，方可达到集体成员的共同进步。

三、从有我到无我

人有三境界：有我、忘我、无我。

2019年3月22日，意大利众议长菲科问了习近平主席一个问题："您当选中国国家主席的时候，是一种什么样的心情？"习主席的目光沉静而充满力量，他说：“这么大一个国家，责任非常重、工作非常艰巨。我将无我，不负人民。我愿意做到一个‘无我’的状态，为中国的发展奉献自己。”①

“无我”的状态，是大公无私的状态。习主席曾论述过公与私的“境界”，其中大公无私是最高境界。“无私，然后能至公；至公，然后以天下为心矣。”只重公义、不讲私利，为了公众、鞠躬尽瘁，就是“无我”。

“无我”的状态，是坚守初心的状态。不忘本心，开创未来。如果我们的初心和使命就是为人民谋幸福、为民族谋复兴，这个初心和使命就是激励我们不断前进的根本动力。只有把我们的初心、使命铭记于心，人生奋斗才有更高的思想起点，才能把全部心思和精力投入到“无限的为人民服务中去”。

“无我”的状态，是心有“大我”的状态。“为天地立心，为生民立命，为往圣继绝学，为万世开太平”，这是中国知识分子的“大我”。“坚持国家至上、民族至上、人民至上，始终胸怀大局、坚守大道、追求大是”，这是共产党人的“大我”。

欲想成就大我，必须做到心中“无我”。倘若戚戚于名利得失，体现的只能是小格局。我们要自觉把担当、奋进的具体目标同民族复兴的伟大目标结合起来，把小我融入大我，把个人梦、企业梦融入中国梦，才能作出属于新时代的历史贡献。

无我之上，更有忘我。物我两忘、宠辱皆忘，有一种乐在其中、心无旁骛的专注，有一种天地与我并生、万物与我同在的胸襟。对于广大员工来说，为了事业，可以忘我；为了公司，可以忘私。忘记小我，是为了成就无私奉献的大我；忘记个人的自我，是为了成全千百万人的自我。孔子说：“其为人也，发愤忘食，乐以忘忧，不知老之将至云尔。”有了忘我的专注与胸襟，就能获得更广阔的胸怀和视野，脱离蝇营狗苟和斤斤计较，体会追求梦想和奉献付出的精神快乐。

有我、无我与忘我，归根结底考验的是每一个人三观的试金石。如果

---

① 人民日报．习近平：我将无我，不负人民［EB/OL］．（2019-3-24）［2019-12-15］http：//www. chinatibetnews. com/xw/201903/t20190324_ 2561349. html.

做到事业有我、功名无我、奉献忘我，则不仅是企业的福音，更会获得臻于化境的幸福人生。

第四节 积极心态

积极心态是指积极的心理态度或状态，是个体对待自身、他人或事物的积极、正向、稳定的心理倾向，它是一种良性的、建设性的心理准备状态。

积极心态与消极心态是相对而言的，面对生活的压力与历练，若积极心态战胜了消极心态即会促进人的进步，激发人性的优点使之为善；若消极心态战胜了积极心态即会阻碍人的进步，激发人性的缺点使之为恶。

什么是积极心态？面对工作、问题、困难、挫折、挑战和责任，从正面去想，从积极的一面去想，从可能成功的一面去想，积极采取行动，努力去做，也就是可能性思维、积极思维、肯定性思维。积极心态，也是一种生活态度，把生活中的一切当作一种享受的过程。

一、付出心态

任何事都是有付出才会有回报的，“种瓜得瓜，种豆得豆”就是这个道理。要获得事业的成功，除了有理想一定能实现的坚定信念和义无反顾勇往直前的精神外，还必须付出我们的努力。

（1）付出包括精力、经济、感情，等等。付出和得到是因果关系，付出的本身就是收获。一分耕耘一分收获，付出不一定有回报，不付出就一定没有回报，就意味着一败涂地。

（2）付出是一种因果关系。舍就是付出，是为自己做事的心态，要当作职业做，自己要勇于承担，承担是成长的开始，成长是成熟的开始，成熟是成功的开始。要懂得舍与得的关系。舍得，舍的本身就是得，付出也就是“舍得”中的舍，先舍再求后得。

（3）事业的成功必须先付出。付出分两种：一种是有目的的舍，是为了成事业，为求利；另一种是无目的的舍，为求名，求得尊重、支持，换得别人同样的帮助。做企业就是“人人为我，我为人人”的过程。

只有我们每个人都真心付出，全力地去帮助别人，才会得到同样的回报。但付出不是盲目的。

（4）付出更要有行动。通过将你所学的理论知识付诸行动，起带头作用，凡事作表率，人人都向好的学习，你的付出才能受人尊重。

（5）要重在感情付出，而不仅仅是利益上的付出。我们跟朋友一起发展，不是局限于业务上的帮助，而是要在工作、生活、感情上各方面的帮助。不要没有利益就不做，这样很容易让别人认为你不是真心对他好，你不是用感情去付出，肯定也得不到别人的真心感激。

（6）古人言：“授人玫瑰，手留余香”。人在帮助别人的时候最快乐，而不是受人帮助的时候。因为你在帮助别人的同时，看到别人成长了，自己也会更快乐。所以，付出就是得到别人的支持、尊重，是感激的源泉。付出也是别人帮助你的基本条件，也许你的付出不一定全部都能得到认可和回报，但你不付出就永远没有回报。所以，付出是值得的，是快乐的，也是促使自己成功的动力之一。

二、成长心态

有人将人类的心态分成两种：一种叫作定型心态，另一种叫作成长心态。这两种心态有什么差别呢？让我们先来看看几个简单的问题。

你是否觉得天赋的重要性大于努力的重要性？

你是否常常觉得自己是一个失败者？

你是否会尽可能地逃避失败或避免失败？

如果对这三个问题的回答都是肯定的，那么你很可能就属于定型心态；如果对这三个问题的回答都是否定的，那么你很可能就属于成长心态。

定型心态跟成长心态在很多方面都有很大的不同，而这些不同会导致我们作出完全不一样的选择或是决定。

举例来说：

定型心态的人总是逃避，而成长心态的人总是拥抱。

定型心态的人总是轻易放弃，而成长心态的人总是坚持不懈。

定型心态的人认为天赋最为重要，而成长心态的人则认为努力才是最重要的。

定型心态容易让人厌于学习，而成长心态则会促进努力学习。

除了这些差异之外，成长心态就是永远相信人可以发展自己的能力。既然成长心态这么重要，那么，我们要如何发展成长心态呢？

（1）明白每个人都有两种心态。每个人都有定型心态和成长心态，只是各自多寡的问题。

（2）学习辨识自己的定型心态。例如，当你碰到各种情况的时候，你是以定型心态来面对，还是以成长心态来面对呢？当我们意识到自己正在用定型心态来面对问题的时候，就必须赶快纠正过来。

（3）学习停留在成长心态。我们不用担心自己的定型心态会一直跑出来，因为定型心态是可以被教育的，我们除了必须学习让自己一直停留在成长心态之外，同时，还必须学会帮助他人，让周遭的人也停留在成长心态。

培养成长心态的方法：

（1）当学习某课程时，着重关注课程中发展的能力。比如：一组员工被告知课程的学习主要取决于他们拥有的能力；另一组则被告知计算机技能可以通过实践得到发展。结果发现：后者学得更好，尤其在遭遇挫折后。

（2）关注于“如何做得更好”，而不是“我能做到吗”。

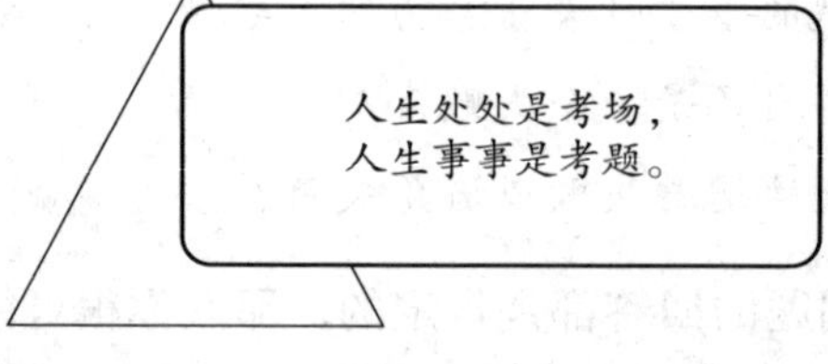

（3）夸奖员工的努力及因此而获得的成果，而不是他们的智力、“聪明”。

要注意培养员工“做事认真”“敢于挑战”等特质以及“做计划”、思考问题的能力，而不要以员工“学得快而好”就沾沾自喜，更不要因此而贬低别的员工。在讲起成功的故事的时候，你将其归因为科学家的先天天赋还是后天努力，对员工也有潜移默化的影响。

（4）停止任何埋怨，多想想“我能做些什么”。即便是“最不可能改变的事情”，也是“有所可为”的。——你总能找到一些方法来改善你现在的处境，这是毋庸置疑的。与其为自己辩解，还不如想办法提升自己。

（5）避免对员工进行评价，而更多的是关心和帮助。

（6）高标准，但同时教会他们前进的方法。

（7）保持放松，享受过程。这是对自己也是对员工的要求。

（8）清零思维。将以前的“成功”全部归零。很多人在什么都不是的阶段，拥有很好的“成长心态”，然而一旦有所成就，就背上了过去的包袱，变得患得患失、缩手缩脚。所以，不论何时，将自己尽可能“清零”，使自己保持“成长心态”是极为重要的。

三、成功心态

在任何企业中，都有这样两种员工：一种员工的心态是消极的、被动的、阴暗的，所以在工作中总是推脱责任，寻找借口，敷衍了事，他们不仅自己消沉而且还会把消极的情绪传染给其他员工，甚至让悲观的气氛笼罩整个企业；另一种员工，他们内心充满阳光，在工作中总是积极、主动、乐观、开朗、感恩、敬业、负责的，他们能够出色地完成领导交给的任务，出色地完成自身的使命，为企业创造较高的效益。

拥有良好的心态对于一个人的成功来说是非常重要的。有句话说得很好，细节决定成败，态度决定一切。那么，成功的人应该拥有哪些好的心态呢？

1. 积极乐观的心态

积极的人生像太阳，一个人如果拥有积极乐观的心态，那么，他就拥有改变困境的魔力。因为他能在黑暗中找到光明，不会放弃走向成功的希望，所以拥有积极乐观的心态，对一个人的成功是十分必要的。

2. 归零的心态

归零的心态要求我们，要学会始终让自己处于低姿态，做好一切从头再来的决心，只有先把杯子里面的水倒掉，我们才能用它去盛其他的玉露琼浆。

3. 感恩的心态

学会感恩，感恩你获得的一切。所有的事物并不是孤立存在于我们的生命之中的，只有学会感恩，拥有平和的心境，你才能够享受到感恩带来的巨大力量。

4. 拥有平常心

无论遇到什么事情，能够以平常心去对待是非常有必要的，没必要让自己心急火燎。谦虚能够使人进步，拥有一颗平常心，谦逊地对待身边的人，会让你得到别人的尊重。

5. 合作的心态

众人拾柴火焰高，现在的社会是一个合作共赢的社会。要想成功，就要学会合作，懂得合作才能取得共赢。拥有成功者的心态，你才能离成功更近一步。

第五节　激情人生

人赤条条地来到这个世间，又赤条条地离开这个世间，人生的短暂与唯一可能是人世间最大的遗憾。当必然的遗憾最终降临时，何不坦然地画上生命的休止符？何不把我们的人生过成激情人生？

塞涅卡说：“愿意的人，命运领着走；不愿意的人，命运拖着走。”也许他忽略了第三种情况：与命运结伴而行。生活的美好需要想象，美好的生活需要创造。

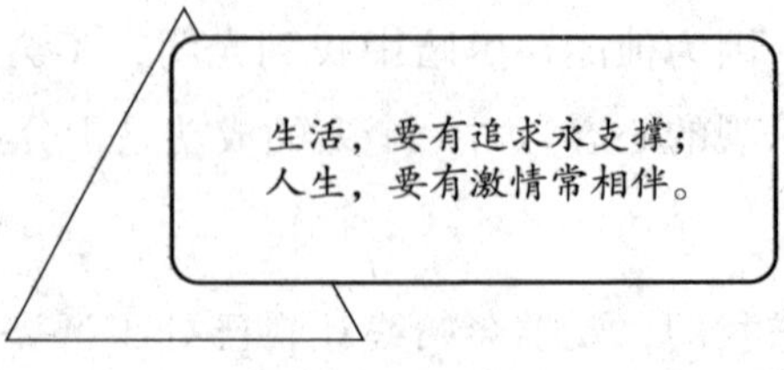

一、实现自我

即使是一个非常平凡的人，没有横溢的才华，没有超凡的能力，没有惊人的力量，没有超众的智慧，没有显赫的地位，没有巨额的财富，没有传奇的经历，没有丰富的经验，我们仍要满怀激情，况且我们从事的是伟大的事业。我们始终都在走一条路，一条属于自己的路，属于自己的事业之路，我们为什么不能满怀激情呢？

做企业之路尽管艰辛，我们不用畏惧，要用微笑去面对一切。因为成功道路上有幸福或不幸，有快乐与失落，有悲伤与病痛，但美好的生活需要有追求来支撑，真正的人生需要有激情相伴。

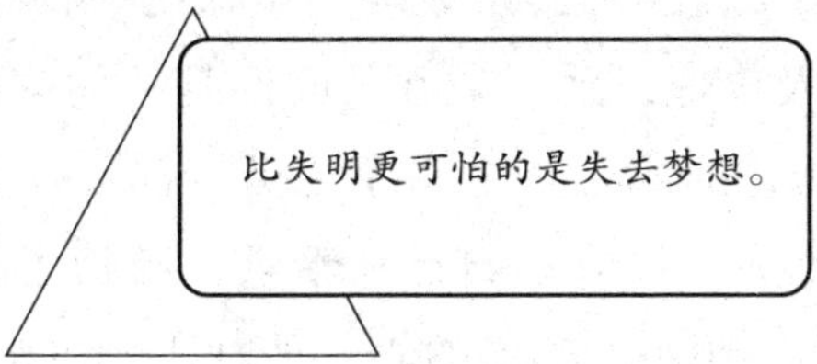

安德鲁·马修斯说过：“做你爱做的事绝对不意味着生活过得轻松，但绝对可以活得精彩。”只要你生活中还有梦，就要有对生活的激情。既然不相信宿命的发生，就要用实际行动回答宿命；既然不相信命运的安排，就要敢于抗争命运；既然不相信注定就是平庸，就是试着把自己投入到铸就辉煌的伟大事业之中。把不满表达成上进，把委屈升华成不屈，把失意改写成冷峻，从一时的压抑中酝酿成一生的执着，从一时的失意中迸发出一生的激情，如此，铸就我们辉煌的人生。

二、成就团队

团队是由基层员工和管理层人员组成的一个共同体，它合理利用每一个成员的知识和技能协同工作，解决问题，达到共同的目标。

在《西游记》的最后一部分，有唐僧取到真经后又落水的情节，那么，唐僧为什么会落水？是因为西天取经还差一难，我们人生中不也是如此吗？困难是成功的基石。每一次困难都是财富，每一次困难就向成功迈进了一步。有很多企业家说过，当困难积累到一定量时，你还能坚持，成功就是必然。所以，我们要笑对困难，用乐观积极的态度面对所发生的事。做任何事情都要记住：难在不动，慢在犹豫，停在情绪，断在沟通，苦在学习，累在能力，输在经验，败在放弃，成在坚持。

三、奉献社会

爱因斯坦曾说："人只有献身于社会，才能找出那短暂而有风险的生命的意义。"可见，奉献社会是人的一种天性。"奉献"是一种爱，是对自己事业的不求回报的爱和全身心的付出，努力地去感染身边的每一个人，用对社会的无私奉献编织出自己事业的美丽蓝图。

奉献精神是社会责任感的集中表现。奉献是一种态度，是一种行动，也是一种信念。赠人玫瑰，手有余香。或许是一句问候，或许是一个微笑，或许是一个赞许，抑或是一个举手之劳，都会让人感到温暖甚至欣喜。奉献，方便了别人，提升了自己；奉献，激励了他人，也鼓舞了自己。奉献，是源自内心小小的感恩的心，是对社会和人民的感恩。常怀奉献之心的人真正懂得人生的快乐，心拥奉献之念的人真正懂得人生的真谛。

而奉献精神更是一种力量。奉献社会就是积极自觉地为社会做贡献。奉献，就是不论从事任何职业，不是为了个人、家庭，也不是为了名和利，而是为了他人，为了有益于国家和社会。正因为如此，奉献社会就是职业道德得的本质特征。因此，践行职业道德就必须把奉献作为自己重要的道德规范，作为自己根本的职业目的。正如马克思所说："只有为自己同时代人的完善，为他们的幸福而工作，他才能达到自身的完善。"

第六章 坚 持

别人放手，他仍然坚持；别人后退，他仍然前冲；每次跌倒，立刻站起来——这种人一定没有失败。

——雨果

达到目标的奥秘和唯一的力量就是坚持。

——巴斯德

一旦你产生了一个简单的坚定的想法，只要你不停地重复它，终会使之成为现实。提炼、坚持、重复，这是你成功的法宝；持之以恒，最终会达到临界值。

——杰克·韦尔奇

坚持意思是不改变不动摇，始终如一。坚持是意志力的完美表现，也是有毅力的一种表现。正如伏尔泰所说：“坚持意志，伟大的事业需要始终不渝的精神。”

——本书作者

第一节　坚持原则

原则是我们言行所依据的准则或规范，坚持原则就是在工作中始终坚持我们应有的准则。当你的内心拥有一个底线的时候，你不管遇到任何的事情，你都会坚守自己的本心。

一、现代企业经营的十大原则

在21世纪初举行的世界经理人大会上，与会代表根据当代管理科学的发展以及企业的特征，提出了符合时代潮流的十项管理原则。

1. 激励与沟通原则

任何一个组织目标都是在每位员工每天将每件事情都做对、做好的基础上实现的，在管理的过程中，首当其冲的是需要管理者通过沟通，让员工充分理解并知晓组织的目标是什么以及如何实现组织目标。如果组织内部的沟通机制不健全、沟通渠道不畅顺，势必会导致员工对于组织目标的理解出现偏差，进而导致组织目标最终不能如期实现，所以说，企业内部的沟通是非常关键的。

2. 合作原则

随着现代管理技术的不断进步，社会分工包括企业内部的分工越来越细，这就要求企业之间、企业内部部门之间、岗位之间必须本着双赢、多赢、共赢的原则，精诚团结，紧密协作，只有这样，才能使一个部门、一家企业具有竞争优势。

现代企业之间的竞争已经是企业价值链之间的竞争，企业要想在残酷的市场竞争环境中脱颖而出，单凭自己的强大是不够的，还需要整合上下游资源，保持高度的合作，与上下游资源形成战略联盟才能取得竞争的胜利。企业之间如此，企业内部也是同样的道理。要排除部门本位主义，必须从部门之间的紧密协作开始，重视流程管理。

3. 诚信原则

诚信是企业经营的道德底线，企业要想做大、做强、做长，离开了诚信这个基础，注定是短命的，永远也不可能成为百年企业。可以这么说，但凡具有远大理想的企业，都必须以诚信作为企业安身立命的基石。

4. 服务原则

企业所做的任何一件事情，都需要本着“为客户服务”的原则，因为企业存在的唯一理由是因为客户的需要，如果哪一天客户不再需要企业的产品和服务，估计这家企业也就走到了尽头。服务原则同样适用于企业内部，诸如上道工序必须服务于下道工序，流程的上游必须服务于下游，上级必须服务于下级、职能部门必须服务于业务部门，等等，无不体现“服务原则”。

5. 以人为本原则

以人为本就是把人类的生存作为根本，把人当作社会活动的成功资本。很多企业已经认识到人才对企业的重要性，并逐渐加以重视。企业发展需要各方面的资源，而人才是企业最重要的资源，企业的利润和财富都是通过员工的努力工作创造出来的。

6. 个人利益服从整体利益原则

员工个体是企业整体的组成部分，个人利益是整体利益的基础，没有个人利益的实现，就不会有企业整体利益的充分发展；同时，个人利益又必须依赖于企业整体利益，整体利益是满足个体利益的保障和前提，是员工个人利益的集中表现。同理，没有整体利益的保证，员工个人利益也很难持久。

7. 持续领先原则

大家都知道这样一句话：人无我有，人有我优，人优我转。这句话的意思是：企业经营的过程中，企业如果拥有了竞争对手没有的东西

（如产品、技术、市场机会、商业模式等），就更容易成功；但当竞争对手一旦拥有了这些东西，企业必须通过创新，使自己拥有的东西更加优秀。

8. 公平、公正、公开原则

这一原则要求企业在实施管理的过程中，必须做到：

（1）员工无论职位高低，在精神和人格上都绝对平等。

（2）企业提供给员工公平成长的机会和实现工作目标的资源。

（3）任何人决不预设立场，保持公正。

（4）企业的重要政策与事务，应充分征求意见并协商，做到公开。

9. 目标与计划原则

德鲁克认为："企业的目的和任务必须转化为目标，目标的实现者同时也是目标的制定者。"首先，他们必须一起确定企业的总目标，然后对总目标进行分解，使目标流程分明。其次，在总目标的指导下，各级职能部门制定自己的目标。最后，为了实现各层级目标，必须下放权力，培养员工的主人翁意识，唤起他们的创造性、积极性和主动性。

同时，在目标实现的过程中，绝不能忽视计划的作用，计划是目标实现的过程跟进，也是目标的具体化，只有保证计划的落实，才能保证目标的顺利实现。

10. 高效与快速响应原则

高效和快速响应已经成为现代企业经营的共识，试想一下，如果没有高效和快速响应，企业何谈"持续领先"？如果失去高效和快速响应，企业又何谈做强、做大？所以说，高效、快速响应已经是现代企业竞争的主旋律，也是企业在复杂的竞争环境中取胜的唯一法宝。

高效与快速原则要求企业做到如下三点：

（1）提高顾客服务水平，即在正确的时间、正确的地点用正确的产品来响应消费者需求；

（2）通过快速响应和周转，提升企业获利能力；

（3）以效率为基础，以结果为导向，打造高效、稳健的企业组织及流程体系。

上面我们对企业管理的十大基本原则进行了详细的阐述，那么，作为一名管理者，是不是掌握了这些基本的管理原则就可以了呢？答案是否定的，因为这些原则只是告诉管理者在实施管理的过程中遵循的基本规则，要想成为一名优秀的管理者，深刻理解并能够灵活把握这些原则只是基础，还需要将这些原则付诸实践，用具体的管理方法和工具去解决问题。

二、方法可以变，原则不能乱

用规则约束人、激励人，企业才会长治久安。原则性问题是大家形成的一个共识，对于原则性问题，我们不能轻易让步，不能乱来。而对于非原则性问题，我们则可以退让、容忍。作为一个成年人，原则性问题上怎样做，非原则性问题上怎样做，这一点大家基本都是知道的。但是在具体的现实生活中，我们会面对很多冲突、矛盾和必需的取舍，甚至彼此交织在一起。在这个时候，哪些是原则性的东西，不能容忍、退让；哪些是非原则性的东西，可以容忍和退让，有很多人很苦恼，搞不清楚。

原则性问题和非原则性问题具有辩证性，今天是原则性问题，明天也许就是非原则性问题。同样的事，对于这个人是原则性问题，对于另一个人也许就是非原则性问题。

原则性问题，即不能让步，不可商量，需要按自己内心的标准实施的问题。每个人由于自身人生的道路不同，在法律的大的原则性问题以外，由于每个人的生存环境与所受教育的不同，各自内心都存在着各自的原则性标准。

原则性问题，贯通于人生、社会、自然、情感等各个方面，与人交往中在这方面尤其突出。对于自身来讲，法律是每个人都应当严格执行的原则性问题，这个原则只有对与错两个方面，不存在任何可以让步的客观因素。

但是做一名正直、诚实、受欢迎的人除了要遵守法律之外，道德同样是原则性问题，其中包括敬人的原则，尊敬他人也是尊重自己的起点。

非原则性问题即可以通融的，可以牺牲个人利益来成全他人，自己内心没有遗憾的问题。

在坚持原则的基础上，方法的运用是灵活多变的。古人所谓“运用之妙，存乎一心”，这个“妙”，我们叫非原则性。什么是非原则性？非原则性就是不循守常规而巧妙地解决当前问题。每时每刻能够根据形势变化随时予以适当调整，不造成被动，是非原则性的表现；出奇招以制胜，是非原则性；避开竞争对手突然袭击，是非原则性。总之，非原则性就是企业发展不受制于条条框框的表现，以避免按照以前制定的方法死板教条执行，而是表现为灵活应变；非原则性是人心应当具备的。因为除了原则性以外，在实施时还要体现灵活性原则，有时可以避免大的差错出现。

三、要学会说“不”

我们要学会对与企业经营目标及非核心业务直接相关的事情说“不”。为什么要学会拒绝？因为盲目的温顺会让事情的发展偏离你的目标。这样做会让自己浪费更多的时间和失去操作空间。所以，学会拒绝别人是对自己的善良，也是对别人好意的回馈，更是目标实现的保障。

不要害怕拒绝别人，因为当别人提出要求时，他的心里实际上已经预备好了两种答案，你给他任何一种答案，都在他的设想范围。中国传统文化讲究保全面子，尽量不让他人难堪。过度友善其实是一种心理疾病，病就病在企图取悦所有人，害怕拒绝。有人把拒绝别人当成一件伤面子的事，把面子看得比天还大，这其实是一种自卑。所以，该拒绝的时候必须懂得拒绝，任何人都没有取悦任何人的义务。

其实，你不懂得拒绝是碍于情面，到头来委屈的却是自己，损害的是我们的事业。拒绝这回事，越果断越好。快刀才能斩乱麻，不吊着别人其实就是最大的善良。

要学会说“不”！拒绝没有你想象的那么难，不要什么都怕得罪、伤害别人。拒绝前要冷静思考，拒绝后就没必要想太多了。学会拒绝，既是对自己的尊重，也是对他人的尊重，不要这么难为情。做企业，简单明了有时最恰当，懂得拒绝，更能够接近目标。

第二节　必胜信念

任何人的生存，都需要信念，剔除信念的生命其实就是一具行尸走肉。只有那些有远大理想的人才具备永恒的信念。拥有了坚定的信念，就必须根据那些信念行事。信念是不会让人失望的。拥有必胜的心态是成功的前提。但凡是成功人士，都具有必胜的信念。

> 许多事情不是因为难做才失去信心，而是因为失去信心才难做的。

一、相信行业

一个备受争议的行业，相信和坚持的人成功了，不相信和放弃的人失败了。成功属于强者！

2018 年 10 月 19 日，世界 VR 产业大会在南昌开幕。中国企业家俱乐部主席、阿里巴巴董事局主席马云在演讲中说，“过去的 19 年，电子商务至少有过 190 次以上的变革、1900 次以上的失败、19000 次以上的实验才有今天，如果轻而易举就能够成功，那一定不是什么了不起的技术。”①

人人都相信一个产业的时候，其实你已经没有机会了。在没有人相信的时候，你的坚持才真正珍贵。

相信行业，你就会有所收获；相信公司，服务于集体，团结于集体；相信老板，支持你的船长，掌舵者。相信行业，相信行业所带给你的一切；相信公司，坚信公司对你的好处；相信老板，相信老板所指导的一切。

---

① 王剑，刘占昆．马云世界 VR 大会演讲［EB/OL］．（2018-10-19）［2019-12-15］https://baijiahao.baidu.com/s?id=1614731427629630078&wfr=spider&for=pc.

二、相信自己

对于我们每个人来说，信心都非常重要。信心是一种巨大的动力，它能排除千难万险，推动你去做成看似不可能的事情。美国作家爱默生认为："自信是成功的第一秘诀。相信自己能，便会无所不能。"

人有了坚定的信念，的确就能够发挥无比的创造力，平凡的人也能够做出惊人的事业来。如果信念不坚定，即使才能出众、天赋优良，也终难有所成就，甚至容易一事无成。所以，我们选择了坚定的信念后，一定要坚持不动摇，这样在增强自身的承受力、忍耐力的同时，可以帮助我们发挥潜力，赢得胜利。

的确，信念可以产生无限的力量，只要你好好利用它，就可以把梦想变为现实。在遇到艰难险阻的时候，我们一定要坚定信念，要坚信现实并非不可改变，失败也不是命中注定，只要勇往直前，就能克服一切困难，达成理想的目标。

每个人都会有自己的信念。如果你认为自己是一个无能的人，你的潜意识会把自卑的念头变成失败的行动，结果你就真的无能；如果你认为自己能力非凡，你的潜意识会把积极的信念变成成功的行动，结果常常就能创造奇迹。积极的信念会使人不断向前发展，而消极的信念则会将人束缚在原地，甚至毁掉人的一生。

如果你认为自己做不了某事，那即使时间充裕你也不会试着去做，因为你认为即使做了也不会有什么好结果，于是后来面对这件被你搁置的事儿，你不禁对自己说："我果然不是做大事的人!"这是不良的心理暗示造成的结果。当你觉得一件事对你没有好处或者成功的概率较低时，那么你显然不会在这事上投入太大的精力，动机会降低。当你觉得一件事很难做好时，那么你将会注意到这件事的诸多难点，一遇阻就容易马上放弃。当你觉得自己不行的时候，你便会有意无意地寻找不利因素，不利因素越多，行动会更加消极，结果只能更糟。

缺乏信心的人容易对自己做消极的评价，他们遇事会暗示自己"我不行”，这种心理导致人不敢轻易尝试新鲜的事物，遇到困难和挫折，一心只想退却，真可谓是不战而败了。消极的思想能够导致很严重的后果，而积极的思想能促使人发挥潜能，走向成功。因为当你觉得自己能行的时候，你会找寻更多的正面讯息，百般努力，积极争取，这会使人打破各种束缚，充分发挥潜能，从而大大地提升成功的概率。

你的消极心态会限定你的发展，所以你需要用积极的语言进行自我暗示，要经常告诉自己“我能做好”“我一定行”“我身上有无限的潜能”。经常自我鼓励的人，在积极心态的支配下，就有力量往前走，无论遇到任何的困难挫折都有信心坚持到底，永不放弃。不断地自我鼓励，你就能一直以胜利者的姿态前进，最终成为想象中的自己。

信心可以消除一切障碍，打破任何限制，它只做潜意识让它去做的事。所以，如果你不想总是停留在原地打转，如果你想让人生更加精彩，那么从现在开始，在心中大声告诉自己：我一定能行！

其实无论做什么事、如何去做，都必须先相信自己，别人才会更相信你，因为相信了自己，才会有信心一直做下去，才会自我欣赏，才会学有所成。不要害怕困难，也不要害怕自己不行，不试又怎么知道自己不行？不经历风雨又怎能见彩虹？

> 相信自己就是塑造未来。

三、相信平台

无论你信与不信，是平台成就了你。很多人以为，只要足够努力就可以。但你会越来越觉得没有一个好的平台让你展示，你再闪光别人也会看不到的。没有一个平台，你有多少才华别人也不知道。

记住：从来都是平台成就人，不是个人成就平台。

《乔家大院》的孙茂才，一度穷酸落魄至乞讨为生，后投奔乔家得以重用。后来又因私欲膨胀而被赶出乔家。孙茂才投奔对手钱家，钱家对孙茂才说了一句话，让人记忆深刻：“不是你成就了乔家的生意，而是乔家的生意成就了你。”①

这就是平台的重要性和追随一位雄才大略的伯乐的重要性。知遇之恩，切勿辜负！我们要相信自己努力，但更要相信平台的重要性。一个好的平台就是这样，你的优秀加上机遇就能够成就你。

无论依托什么平台，都要尽心尽力，发挥平台的最大作用，也就是说，要借助平台把自己的潜力最大限度地发挥出来。平台并不是一个比一个好，若放到了一个并不理想的平台，或者压根就不给你平台，即使你能力再强，你也做不成事情。平台是很重要，但不可眼高手低，毕竟只要脚下的真实才能给人心安。

四、相信团队

网上有个这样的说法：“不怕神一样的对手，就怕猪一样的队友。”这是团队重要性的表现。我们要相信自己的团队是一个卓越的团队。什么是卓越的团队？卓越团队就是心在一起，劲往一处使，为了共同的目标和追求，由不同类型的人才组建而成的优秀群体。

“信任是团队合作的开始，也是团队管理的基础”，一个从彼此不信任的团队，是一支没有凝聚力的团队，也是一支没有战斗力的团队，就是一支失败的团队。在这个竞争激烈的社会中，只有团队成员协调默契，才能形成强大的团队，才能在市场中立足于不败之地。

① 玉凤超市．乔家大院的典故［EB/OL］．（2017-2-11）［2019-12-15］https：//www.meipian.cn/d43n1os.

还有一点，我们要放好心态，苦干、实干、拼命干就会为自己赢得地位、争取一个好的未来；苦熬、不干、不真干，是对自己不负责任，也是对团队不负责任，这类人就是团队不欢迎的人。我们经常说，播种一种行为，收获一种习惯；播种一种习惯，收获一种性格；播种一种性格，收获一种成功。放好心态，认真工作，相信自己的团队是最棒的。

五、相信客户

你相信什么，就会吸引到什么，这叫“心想事成”；你怀疑什么，什么就会与你擦肩而过，这叫“不信则无”；你抱怨什么，什么事就会在你身上发生，这叫“墨菲定律”；很多时候面对机会和挑战，你相信能与不能都是对的，结果就会像你相信的那样，这叫“意识决定结果”。吸引力法则告诉我们：相信就是力量！

信任是一种强大的力量，你相信客户，往往能够相互创造奇迹；信任是一种尊重，客户因你的信任会带来你意想不到的价值；信任也是一种爱，你们会在这种爱中共克时艰。信任是一颗神奇的种子，撒播在每个人的心田，便会有一种温暖而坚定的力量，陪伴我们一起成长。一定要相信：无论什么样的生命，都有各自的禀赋，只要努力坚持，就终将有绽放的美丽。

第三节　有始有终

任何事情开始做的时候都会非常困难，只有克服困难之后坚持下来，才会看到真正的结果，也就是我们做任何事情都要做到有始有终，如此才能最终成功。

一、靡不有初，鲜克有终

《诗经·大雅·荡》中有云：“靡不有初，鲜克有终”，意思是说，没有不能善始的，只是很少有人能做到善终的。这句话讲述了一个道理：人们在开始做事时往往热情高涨，随着时光流逝，激情开始降温，最后事情或是不了了之或是草草收场。如果人们不能保持初心，保持高涨的热情，最后往往不会有好的结局。

> 做任何事情都要善始善终。

所谓“初心易得，始终难守”，意思是说，我们在开始的时候，往往有着坚定的精神意念，有着美好的快意遐想，有着激动人心的豪言壮志。于是，我们都在自己的领域开始扎根开花，开始慢慢地绽放自己，所谓的“善始”都如我们所想的如约而至。而要“善终”，就必定要在路途上披荆斩棘、披星戴月；必定是要经历“劳其筋骨，饿其体肤”之痛；也必定是要兢兢业业，方能善始善终。“业精于勤荒于嬉，行成于思而毁于随”是亘古不变的真理，只有慎终如始，方可万事皆成。

在奔向目标的道路上，必定是荆棘满布、高山重重、水流湍急，但只要我们有遇山开山、遇水架桥的勇气与决心，才能最终山海皆平，这样我们才能真正体验成功的快乐。如若生来便一帆风顺，又焉能能体验人生得意之时的尽欢，体验金秋十月硕果累累的丰收喜悦？

“靡不有初，鲜克有终”，愿我们在人生的道路上不忘初心，砥砺前行，风雨再大也慎终如始，这样，我们才能看到雨后彩虹的七彩斑斓，才能善始且善终。

二、行百里者半九十

《战国策·秦策五·谓秦王》有云：“诗云：‘行百里者半于九十。’此言末路之难也。”原文的意思是：一百里的路程，走到九十里也只能算是才开始一半而已。比喻做事愈接近成功愈困难，越要坚持到最后。

1952年，世界著名的游泳健将弗罗伦斯·查德威克为了再创纪录，开始了横渡英吉利海峡的壮举，那天是一个大雾天气，在海上游了十几个小时之后，她渐渐产生了一丝退意，因为海上茫茫的白雾让她看不到海岸，她不知道自己离海岸还有多远，最终在离海岸一英里的时候她放弃了。赛后当得知只差一英里就能完成挑战时，她十分后悔自己没有坚持到最后，导致功亏一篑。①

在日常生活和工作中，我们切不可半途而废，要有“行百里者半九十”的忧患意识，成功的秘诀就在于坚持。

人们都喜欢鲜花和掌声，喜欢台前的光鲜亮丽。鲜花与掌声是对人们的赞扬，殊不知“台上五分钟，台下十年功。”若不能忍受台下长时间的寂寞和痛苦的煎熬，就不可能换来台上短暂的成功。历史上那些有巨大成就的人不一定有过人的才华，但一定要有坚毅的品质，可以随时为理想和信念去燃烧自己的激情。

子曰：“不仁者，不可以久处约，不可以长处乐。仁者安仁，知者利仁。”没有仁德的人不太可能走出困境，因为他安逸惯了，缺乏足够的信心和能力去走出逆境。我们要学习做一个仁人，做一个智者。因为人只有知道了不足才懂得感恩，在艰难的日子里才有了前进的动力和方向，才会像苏武那样有坚持下去的力量和信心。“行百里者半九十”，在事业还没成功之前，无论你付出了多少辛酸劳动，都不能停下前进的脚步。因为一旦你停下来，很可能就意味着前功尽弃。

三、坚守本分

“坚守本分”，简简单单的四个字，饱含着无数优秀员工风里来、雨里去默默的艰辛付出。什么是坚守本分？孔子称之为“执事敬”，朱熹解释为“专心致志，以事其业”。因此，只有拥有高度的责任心和“安专迷”的精神，才能成为工作中精通业务的行家里手。

工作责任心是提高工作效率和质量的保障。在日常工作中，责任心表现在方方面面。我们要不断拓宽自己的知识领域，完善知识结构，积极探索新的工作方法，努力成为一名知识型员工。要遵守法纪法规，严格遵循

---

① 北风独自寒．行百里者半九十，成功之路需坚持［EB/OL］.（2018-4-9）［2019-12-15］http：//www. sohu. com/a/227730465_ 100028281.

单位各项规章制度，工作期间认真负责，坚决杜绝不作为、慢作为、乱作为等现象，确保能干事、会干事、干成事、不出事。要高标准、严要求，做任何工作都要深入、细致、一丝不苟，不马虎、不含糊、不对付，以求精益求精，忙而不乱。

“工欲善其事，必先利其器”。正所谓“巧妇难为无米之炊”，想要做好工作这顿“饭”，就需要我们不停地“添油加醋”。我们要不会就学、不懂就问，学习掌握新知识、新技能，随时随地为自己加油充电，不断加强自身理论素养和实践能力。要虚心向同事学习，做到在干中学、学中干，只要是为了工作，争到面红耳赤、辩到怒目圆瞪也无可厚非，有道是“理越辩越明”。要相信只有用心思考，精雕细琢、聚精会神地把身边每一桩小事做好、做细、做实，才能创造出卓越的工作业绩。

坚守本分是一种精神，白求恩做到了；坚守本分是一种境界，焦裕禄做到了；坚守本分是一种理想，雷锋做到了。那么，作为千千万万个你我，只要我们干一行、爱一行、精一行，也许只是一枚棋子，也可以手牵手掌控盘中局势；也许只是一粒石子，也可以肩并肩铺出平坦大道；也许只是一棵小草，也可以心连心绘出绿色城市。

OPPO Find 系列最近的回归可谓是掀起了科技圈的一阵波澜，Find X 的推出也成为话题热点。OPPO Find 代表了源自探索和想象的智慧、自由和自信，于 2018 年 6 月 19 日正式回归，众多媒体和粉丝都对此十分关注。同时，在 6 月 6 日，OPPO 副总裁吴强在微博罕见发声，详细阐述了有关 OPPO Find 的“探索精神”。

霸占头条的 OPPO 很快就成为舆论的焦点，人们都想知道，OPPO 屡屡一枝独秀，究竟有什么成功之道？其实，这与 OPPO 一直以来坚持的本分文化是分不开的，OPPO 作为业内领先品牌，坚守“本分”十余年，始终不忘初心。

OPPO 的本分文化的实质其实是一种隔离外在的压力和诱惑，保持平常的一种心态。让一切回归事物的本源，把握住其应该做的合理方向。而本分同时也是要求自己而不是要求别人，在出现问题时，首先要求责于己。就是这样本分，一直以来严格要求自己的 OPPO，成了全球 2 亿年轻人选择的拍照手机，以“本分”文化赢得了公众的认可和尊敬。①

第四节　决不放弃

1948 年，牛津大学举办了一个主题为“成功秘诀”的讲座，邀请当时的英国首相丘吉尔前来演讲。演讲的那一天，会场上人山人海，全世界各大新闻媒体都到齐了。许久，丘吉尔才用手势止住大家雷动的掌声，说：“我的成功秘诀有三个：第一是，决不放弃；第二是，决不、决不放弃；第三是，决不、决不、决不放弃！我的演讲结束了。”说完，丘吉尔就走下了讲台。会场上沉寂了一分钟后，突然爆发出热烈的掌声，那掌声经久不息。②

> 在这个世界上，真正的失败只有一个，那就是彻底放弃。

一、简单重复，成就不平凡

张瑞敏如是说：“什么是伟大的事情？伟大的事情就是无数次平凡、重复、单调、枯燥地做同一件事，就会做成伟大的事。”这句话朴实不煽动，符合真相，符合现实。

重复的力量，其实也是常识的力量。在社会长期发展过程中，越来越多的人剑走偏锋，越来越多的人幻想一夜暴富，越来越多的人创造出一些新概念，玩资本游戏，又一夜之间亏得底裤都不剩。

重复的力量，是习惯的力量。投资大师芒格对自己的要求是：“每天

---

① Sammingo. OPPO 坚守本分文化，副总裁深度诠释 Find 探索精神［EB/OL］.（2018-6-6）［2019-12-15］http：//www. sohu. com/a/234190394_ 411370.

② 刘猫爱虎．关于成功秘诀的小故事［EB/OL］.（2018-12-12）［2019-12-15］https：//www. jianshu. com/p/8d1d0270c9db.

早上起来，一定要比睡觉前聪明一点点。”每天聪明一点点，日积月累，你和别人的差距就会如同巨大的地表裂缝一般大。下面我们来看看本杰明·富兰克林的故事：

本杰明·富兰克林是一个科学家、思想家，同时也是一名画家和哲学家，是举世公认的伟人。这么一名伟大的人，是怎么培养出来的呢？其实很简单，他终此一生，一直在重复一件事：自我教育。富兰克林认为，成功取决于好习惯，他为自己列举了必须要培养的几项好习惯，包括：节制、寡言、秩序、果断、节俭、勤奋、勤恳、公正、适度、清洁、镇静、贞洁、谦逊。他做了一个本子，每天记录自己的言行是否符合习惯。如果做到了，就给自己打勾；如果没有做到，就打叉。他不断地告诉自己：“我能做到。”①

异乎常人的刻意训练，异乎常人的毅力坚持，并将之养成好习惯，那么，实现目标就只是时间的问题。一点一滴，重复再重复，变成习惯后，习惯塑造你，富兰克林就是这样成功的。所有的伟大，拆解下来，都是一点一滴地修正；所有更好的自己，拆解下来，都是由之前的自己一点一点变换而成的。不要以为事情有多难，而感慨一声“人间不值得”，每天坚持做好工作，你就会一点一点地变好。

心理学家格拉德威尔想知道，那些所谓的天才，例如古典音乐家们究竟是如何变成成功之人的。

他发现，练习尤其是刻意地重复性练习，对于成功掌握一门技能来说，是必不可少的环节。

10年内，每周练习20小时，大概每天3小时。加起来，差不多10000个小时，每个人都有可能成为一个领域的顶尖高手。

瑞典心理学家安德斯·埃里克森在柏林音乐学院也做过同样的调查，学小提琴大约要从5岁开始练习，起初每个人都是每周练习2~3个小时，但从8岁起，那些最优秀的学生练习时间会变长，9岁时每周6小时，12岁8小时，14岁时16小时，直到20岁时每周30多小时，共

① 张琳生．富兰克林［EB/OL］．（2019-01-31）［2019-12-15］https：//www. jianshu. com/p/8918fc118575.

10000 小时。

这就是著名的“一万小时定律”。①

重复的力量，是专注的力量。

没有人可以轻易地成功，但成功也并非是一件很难的事情。它需要你的坚持、毅力、耐心、重复一个又一个动作，以此获得一门技能，并把技术提高到世界级的水准。不断重复，进而专注，心无旁骛，乃成其大，成其精。

二、凡事坚持就是神话

任何事情，坚持了就是神话，放弃了就是笑话。这个道理听起来很简单，但很多人却做不到。不停地选择，不停地放弃，回头却发现什么事都没有做好。

坚持，一定能遇到更好的自己！

没有人天生就能让自己的人生一帆风顺。所谓命运，其实是通过各种挫折，不断地发现自我，修炼自我。对自己负责，就是倾听自己内心最深处的声音，做出选择，之后不管遇见了什么，多么难熬，都努力去承担，去跨越，去争取，去改变。那份义无反顾的历程，就是有滋有味的人生。

在最平凡的生活里谦卑和努力，总有一天，你会站在最亮的地方，活

① 刘彪震．一万小时定律［EB/OL］．（2019-3-22）［2019-12-15］https：//baike. sogou. com/v30886449. htm？fromTitle=%E4%B8%80%E4%B8%87%E5%B0%8F%E6%97%B6%E5%AE%9A%E5%BE%8B.

成自己曾经渴望的模样。

梦想，是注定孤独的旅行，即使披荆斩棘，也要坚持走完自己的路。不管前方的路是否真的明亮、宽敞，也要坚信，只要迎难而上，寻找到自己理想的方向，那么，理想就是在自己追求的路上。在这条路上，我们才能领略到成长的力量，我们就会正视自己，我们就会拥有奋斗的勇气和前进的力量，拥有攀登的智慧。同时，也能开阔自己的视界和胸襟，相信一切都会柳暗花明，相信一切都会迎刃而解。

水再浑浊，只要长久沉淀，依然会分外清澈；人再愚钝，只要足够努力，一样可以改写命运。不要愤懑自己的起点太低，那只是我们站立的原点。人生是一场漫长的竞赛，有些人笑在开始，有些人却赢在最后！

任何时候，你都可以开始做自己想做的事，只要你不用年龄和其他东西去束缚自己，每个人心中都有一片海，自己不扬帆，没人帮你启航。努力，就能遇见更好的自己！我们最大的悲哀，是迷茫地走在路上，看不到前面的希望；我们最坏的习惯，是苟安于当下生活，不知道明天的方向。那些比你走得远的人，不一定比你聪慧，只是每天多走了一点点。无论今天怎么用力，明天的落叶还是会飘落。所以，尽最大的努力，让每一天都充实无悔。

耐心点，坚强点，总有一天，你承受过的疼痛会有助于你。生活从来不会刻意亏欠谁，它给了你一块阴影，必会在不远处撒下阳光。没有一劳永逸的开始；也没有无法拯救的结束。人生中，你需要把握的是：该开始的，要义无反顾地开始；该结束的，就干净利落地结束。

三、卓越出自磨炼

什么是卓越？卓越就是杰出的、超出一般的人才、功勋、才能、成就。卓越的成就是由这样一部分人做出来的：他们的思维聚焦在一个方向上，尽其所能，总是热忱地观察自己以及其他人的内心生活。他们在哪里都能感到榜样和鼓励，并将可用的手段积极地组合在一起。

那么天赋呢？在完成一个优异的整体之前，他们先将各个部分正确地建构起来。那么，一个人的天赋是如何转变成成就的呢？

天赋×努力=技能

技能×努力=成就

对进步更大的障碍是我们的完全放弃。如果没有努力，你的天赋就无法发挥出来，它只是你未实现的潜能。如果没有努力，你的技能也同样没有价值，它只是你能够做到却没有做到的事。所以，卓越是努力的结果。

四、不抛弃，不放弃

2007 年夏天热播的电视剧《士兵突击》中的有一句台词令人难忘，那就是“不抛弃，不放弃”。“不抛弃，不放弃”是军人的精神，更是尊重人性平等的体现。

不放弃，就是不放弃我们心中的信念、理想、追求和应该坚持的原则以及由信念、理想、追求和原则所换来的努力与拼搏，不放弃努力到最后一刻并获得成功的机会，不放弃任何学习、成长的机会，不抛弃所有努力创造的一切。

无论自己的遭遇如何，都不要厌恶这个世界。要相信，机会一定会光顾你。“不抛弃，不放弃”是一种坚忍，是艰难困苦时不动摇、不乱方寸的毅力；“不抛弃，不放弃”是一种信念，在陷入无尽的黑暗与绝望时的力量源泉；“不抛弃，不放弃”是一种使命，哪怕没有希望，也要尽自己最大的努力。

放弃，只要一个念头就可以产生；而永不放弃，则是一种信念的坚持才能做到！在现实生活中，我们往往会自觉或者不自觉地选择前者，因此，我们极易成为平平凡凡的普通人；只有坚定得近乎倔强地选择永不放弃，才能赢得人们最后的喝彩声。

每个人只要不放弃，终归可以成功，有些目标看似遥远，只要不放弃，终能抵达。只要方向是对的，就不怕路途遥远。坚持是一种信念，坚持是一种修养，坚持是一种高尚的品质。“不放弃，不抛弃”是一种至高无上的人生理想；“不抛弃，不放弃”更是我们自己与自己的较量。看不到自己的能力，怀疑自己的潜质，界定自己的极限，是产生放弃的根源。选择了抛弃，就意味着连失败的资格都主动放弃了。

> 人生最大的挑战就是自己。

决定成败的要素并不是天壤之别，往往只有一步之遥，那就是在关键时刻是否能够坚持。想成功，就必须坚持。这是一点并不神秘、深奥。但如果只坚持勤奋，而没有选对方向，结果仍然是悲催的。勤奋只有与正确方向相结合，才能显示出它的价值，就像一列疾速的列车，如果脱轨了，马力再怎么大也无济于事，走到终点是不可企望的。

坚持勤奋有一种化腐朽为神奇的伟大力量。太阳因为永不放弃，才最终冲破重重迷雾，光耀万里；江河因为永不放弃，才流泻千里，到达浩瀚无边的海洋；小草因为永不放弃，才不计星星点点的渺小，最终连成一片，绿满大地。如果我们曾千百次地对自己说："永不放弃!"我们就没有理由去抱怨第一千零一次失败。我们最终一定能够与苦苦期盼的成功相逢。

要想抓住自己的美好的梦想，我们唯一要做的就是：永不抛弃，永不放弃!

俗话说："世上无难事，只怕有心人。"世界上很难办到的事情，只要人们用心去做，总是有可能成功的，这也就是坚持就是胜利。

不论做什么事，如不坚持到底，半途而废，那么再简单的事也只能功亏一篑；相反，只要抱着锲而不舍、持之以恒的精神，再难办的事情也会迎刃而解。当然，并不是所有的坚持都会取得胜利。只要你努力去做好你应做的事，只要你尽了自己的力量，那么即使失败，你也是强者。

第五节　忍受孤独

有道是"成功者都是孤独者"，企业陷入困境时孤独，企业成功时同样孤独。孤独不是一首哀伤的歌，而是一条缓缓流淌的河流，在曲折中孕育着生命的真正成功。

一、成功路上不拥挤

> 忍受孤独，其实是一种心态、一种智慧、一种精神内涵。

“成功路上并不拥挤，因为坚持的人并不多。”由此，反衬出另一句话：拥挤的路上难成功，因为浮躁的人太多。

只要是头脑健全的人，谁不想着成功，谁不想干出一点事业来？向往成功是人之常情，成功是一个人健康积极的心态。可是，人是有血有肉有情的高级动物，有激情也会有惰性，有进取也会有堕落，有积极也会有消极，有的人确定了人生目标只有三天的热度，遇到困难就打退堂鼓，碰到难题会放弃，半途而废，无功而返。从一般意义的成功来说，成功并不是智商的高低，而是耐心和毅力的拼搏。

为何有人缺乏耐心和定力呢？这是因为灯红酒绿的社会诱惑太多，多得眼花缭乱，多得应接不暇。如果心花了、浮躁了，就会忘了初心，进入“邪道”，就成了“温水中的青蛙”，想拒绝也拒绝不了，想逃脱更是不可能。

过去常说，“看书看皮，看报看题。”现在许多人压根儿书皮都没有摸过，看报题也成了梦想，成天两眼盯着手机，玩着微信，围着热点事件转；吃的是快餐，读的是碎片文化，时光过得飞快，忙碌了一天不知道干了什么，就这样一天又一天，丰富多彩使人放松了目标，歌舞升平让人远离了理想。于是乎，让那些有克制力、守得住宁静的人捡了大便宜，不战而胜，轻易地实现了小目标。

现代社会，不少人有跟风心理，见别人干什么也跟着干什么，往往形成了“一窝蜂”，见别人炒股赚钱也跟着去炒股，见别人开餐馆赚钱都去开餐馆，如此跟风，自然使本不宽阔的道形成拥堵，人多了拥挤了，弄得大多赚不了钱，发不了财，于是无功而返，只是瞎忙活，如此循环反复，人生有几何，又能折腾几来回？这就是“拥挤的路上难成功”的道理。

那么，怎样才能成功呢？找冷门，不跟风，打特色，耐寂寞，莫急躁，贵坚持。选准好了自己的目标，就要坚持；看准了自己的方向，就要果敢前行。不管是大成功还是小成功，都不会一帆风顺，都不会一蹴而就。成功要有打持久战的心理准备，成功要有失败的勇气。成功路上不拥挤是因为你的坚毅，你的顽强无形将别人挤出局了。人的勇气越大，耐力越强被你挤出局的人就越多，你成功的希望就越大。

二、强者都是孤独的

“成功的道路是孤独的”，这句话不是指成功者身边没有朋友，是指通往成功的道路需要坚持，久而久之放弃的人越来越多，最后只剩你自己，所以说成功的路是孤独的。

你可以想象，随机选出 100 个普通人，一起去爬珠穆朗玛峰，最后能登顶的有几个？这世上有 70 亿人，可谈得上成功的有多少呢？这就是为什么成功的路上那么孤独的原因，因为很多人跟不上你成功前进的步伐。成功的路上，人越来越少，自然就孤独了。

很多成功人士都经历过无数次失败。人们往往看到他们的鲜花和掌声，却很少有少知道他们在成功之前经历着怎样漫长而孤独的努力，挥洒多少汗水，跌倒过多少次又重新爬起来继续前行。看看名人传记，你就不难发现，那些出色的人，一般都是在孤独的道路上执着地坚持着的人。

三、消除孤独的 12 种方法

要想消除孤独，必须找到原因并将之彻底根除。首先要找事做：当我们没事可做的时候，总是会感觉孤独的，一旦忙碌起来，那种孤独感自然会被手头上的事情所代替，容易有孤独感的人，尽量不让自己闲下来，给自己找点事情做，这种感觉就会慢慢消失，当我们孤独的时候，也可以靠做事情来打发时间。

1. 专注工作

专注很容易让人忘掉孤独，我们要培养一种专注的精神，全身心地投入进去，达到了忘我的状态，就会将孤独感从心里赶走。专注还能够提高工作效率，让心情变得沉静，所以一旦做起事来心无旁骛，孤独感就会消失。

2. 看书学习

孤独有时候是因为空虚，而空虚是因为腹中无物，不知道自己能做什么，所以空闲的时候不要呆坐着，而是要读读书，学点技术或者知识，从各个方面提升自己，懂得多了，也不会孤独了。

3. 和朋友聊天

有人说，在人群中也会感到孤独，那是因为人群中的人都是你无法交心的人，如果可以和知心朋友聊聊天，倾诉一下，这种孤独感就会被友情所淹没，我们也会从中获得喜悦。人人都有找朋友、知己聊天、倾诉的欲望。有的人喜欢诉苦，把自己的烦恼、苦痛像倒垃圾一样倒给别人；也有的人愿炫耀幸福，恨不得把的一丝一毫快乐分享给全世界。聊天就是这样，一个听众就可以给你一个分担，让你免却无聊与寂寞。

4. 陪伴家人

当我们孤独的时候，如果身边有家人陪伴，那将会是很好的事情，如果家人忙，不在身边，我们还可以主动去陪伴家人，因为你们有着相同的背景、历史及相同的血脉，家人总会与你共同承担风雨，支持你事业。

5. 思考问题

有的人孤独的时候怨天怨地，甚至怨自己命不好，其实孤独是一种人生常态，我们要明白，没有人能够永远地在身边陪伴我们，我们要懂得接受孤独，甚至是享受孤独，那样就会觉得孤独并不可怕，也不用刻意回避。

有信仰、愿意修行的人大多需要这一份寂静，因为修行时需要全神贯注地修行、专注地修行。远离世间八法，明白取舍的方法。修行不是要与世隔绝，而是要全身心的修行自己，让自己的精神方面有所依。害怕孤独的人往往害怕观察自己，改变自己。

6. 把酒言欢

孤独时，几个好友把酒言欢是一种特别惬意的事情。人数不要太多，三五知己足矣。

7. 听音乐

听音乐是一种很好的消除孤独的方法。舒缓、轻柔的乐曲，优美的旋律可以使浮躁烦乱的心得到平静，可以使人身体放松，缓解压力。临睡前听几首轻音乐还可以提高睡眠质量，促进睡眠。

8. 写作

写作也是一种好方法。可以写日记，也可以写微博、博客，还可以写微信公众号文章。

9. 锻炼身体

体育锻炼既可以强身健体，又可以忘却孤独，一举两得。运动有助身心健康，更有驱走烦恼的妙用，到附近的健身场所打打球、游游泳，可以令你身心舒畅，一举两得。

10. 旅行

感到孤独、无聊，来一次说走就走的旅行，是一件非常惬意的事。旅行可以让你欣赏一路的美景，使奔波忙碌的生活得以改变，使浮躁不安的心灵得以安静。当我们看着高山的青幽，听着海风吹起的浪声，呼吸着新鲜的空气，一些美好的事情又会重新到来，又可以开始我们的事业，重新投入战斗。

11. 看电影

谁都有无所事事或者空虚无聊的时候，如果生活已经一片空白，而其他方法又无力丰富自己，那么看电影是一种不错的选择。在跌宕起伏的情节去里体会、浪漫、忧伤的情感，用别人的故事完整自己的人生，未必不是一件好事。当你在影片中看到了别人的苦难，会让你油然产生一种对美好的渴望，对残缺的宽容和体谅，说不定你会更加热爱生活。

12. 照相和整理相片

现在越来越多的人迷上了摄影这种爱好，这是一种好事。从某种意义上说，照片能够真实地记录一个人的生活状态，把易逝青春、岁月，留驻一个永恒的影像里，是一件十分有意义的事，也是一笔珍贵的财富。无聊时翻出来看看，每一张照片都记载着一段故事，会把你带入从前难忘的好时光。

人生来时是孤独的，人离去时是孤独的，越早接纳孤独会对自我发展越好，有一定的帮助。刚开始可能会有些不适，但凡事都有个过程，不妨慢慢来。所以，“有无独处的能力，关系到一个人能否真正形成一个相对自足的内心世界，而这又会进而影响到他与外部世界的关系。”这段话足以说明独处的价值。

第七章 成　果

凡是想获得优异成果的人，都应该异常谨慎地珍惜和支配自己的时间。

——苏联教育家　克鲁普斯卡娅

人生的最大快乐，是自己的劳动得到了成果。

——谢觉哉

时间是人的财富，任何财富都是时间与行动化合之后的成果。

——巴尔扎克

成果是通过创造物质、精神财富的活动而形成的事业上的收获，它是我们个人能力的体现，是我们事业价值的体现，也是战略实现的体现。

——本书作者

第一节　能力体现

企业能力是指企业配置资源、发挥其生产和竞争作用的能力，它来源于企业有形资源、无形资源和组织资源的整合，是企业各种资源有机结合的结果。无论企业规模大小，能力的最好体现必然是成果。

一、成果是能力的最佳体现

企业经营成果是指一定时期内企业生产经营活动所创造的有效劳动成果的总和。企业经营成果的价值量一般从生产经营的总产出、净产出、纯收益三个层次加以说明。企业能力主要由研发能力、生产管理能力、营销能力、财务能力和组织管理能力等组成。只有成果才能最好地体现能力，只有能力才可以创造最好的成果。

二、是骡子是马，拉出来遛遛

“是骡子是马，拉出来遛遛”这句俗语，是形容一个人不要嘴上说得好听，有真本事做几件事情看看，是好是坏自有分辨。现实生活中，有的人只是嘴上巨人，夸夸其谈，好像无所不能，一旦让他展示真才实学，就露馅了。衡量一个人的能力，最好的办法不是听其言，而是观其行。是骡子是马？需要拉出来遛遛，看看哪一个更中用。

三、坚决剔除“光说不练”的人

行动是衡量一个人优秀与否的标准。有行动，就说明他是一个明智的人，懂得什么才是人生；不行动，就说明他是一个愚昧的人，最终要萎靡死亡。因此，人生最大的失败是光说不练。

实践是检验真理的唯一标准。光说不练是一件十分危险的事。它让我们忽视了真相，蒙蔽了双眼，去做出一些违背初心和真理的愚蠢行为。光说不练会让自己能力退化。有一个不可否认的事实是——现实中，没有人会等你，没有恋人会等你，没有领导会等你。因为一切都存在竞争，机会只给有准备的人，光说不练只会让你能力退化，让你失去机会，所以与其等到将来后悔、抱怨，不如现在开始做一个行动派。行动派不会懒惰，不会事事拖延。治疗拖延症的最好方法就是醒悟，而能让一个人醒悟的最好办法就是让他痛苦，尝尽世间痛苦和磨难。有的人悟性很高，每天每月每年面对着社会快速发展，思想观念不断受到冲击，这就更加锻炼了我们的能力，激发了我们的潜能。这就是巨变的好处。所以，踏踏实实做人，认认真真做事，我们需要在实践中感悟，掌握要义，不断锤炼自己的心性，而不是只把一切挂在嘴边。我们更要努力做一个堂堂正正的人，从平凡处做起，不好高骛远，为自己的人生增加厚度、宽度和长度。

有种现象叫“假沸”。豆浆往往没烧开就会沸腾，使人误认为已烧开，这种没煮熟的豆浆喝了容易中毒。企业中也存在一种现象，有的人只表态不表率，形同“假沸”，其危害性也与此类似，绝不能做个“只表态，不表率”的“场面人”。

的确，任何事业的成功，绝不是轻轻松松、敲锣打鼓就能实现的。这其中就需要广大员工勠力同心，真抓实干谋事业，来不得半点“虚功”，做不得一丝“假把式”。

然而，一些员工对企业发展说起来“头头是道”，看起来感觉好像有想法、有决心、有思考的样子，让人感觉信心十足，值得期待，但真正做起来却是另一回事，令人无限失望。每一个员工都应树立求真务实的工作作风，以“钉子精神”真抓实干，做任何事情都善始善终，既要思想过硬，也要本领高强，问题面前敢于动真碰硬，责任当前敢做敢当。

多些“真抓实干”，少些“光说不练”，这是每名管理者应有的担当和责任。只要我们不忘初心，牢记使命，坚持求真务实、狠抓落实，始终同员工想在一起、干在一起，就一定能够赢得广大员工的真心爱戴、支持和拥护，为企业发展积蓄磅礴之力。

第二节　价值体现

对个人来说，无论是技术岗还是管理岗，其实体现价值最简单的就是数据，好的业绩才是最能体现个人在公司价值的硬指标。对公司来说，无论是什么类型的公司，其体现价值最简单的就是战略目标的实现程度，目标的实现才是最能体现公司价值的硬指标。

一、不讲苦劳讲功劳

公司是全体员工的生存平台，公司经营如果没有结果，公司就无法生存，公司就没有钱发工资，所以，公司是讲结果的地方，做执行必须讲结果，而不是“如果”。全体员工必须树立一个职业化的观念——讲功劳，不讲苦劳；讲结果，不讲“如果”。

有的公司制度很健全，文化理念很先进，管理者个人素质都很高，但往往撑不了多久就倒闭了。为什么？并非死在产品或业务不行，而是掉进了管理的大坑。

管理学家研究指出，每一个企业有5%~10%的员工，上班不是来好好做事的，而是来挑毛病的，来和你对着干的。他们觉得，所有的制度都是有问题的，所有决策都是不科学的，他们唯一不会去想的是，自己做得怎么样？有15%~20%的员工，他做出的东西就是达不到要求；还有20%的员工是懵着脑袋做事，对错他不管，错在哪里也不知道；只有20%的员工的工作是合格的、高绩效的，也就是说，公司有多达80%的员工的工作没有正常产生绩效，这是多么恐怖的浪费！

尽管很多管理者做了很多努力，也学过不少管理知识，尝试了很多管理制度，但总看不到理想的效果。问题到底出在哪里呢？为什么如此多的人陷入了无效的、甚至毫无意义的工作中？影响人们工作的关键要素是什么？为什么很多人觉得是企业没有让他们发挥作用，而不是自己错了？这些问题的出现，其实都是源于管理。

大家知道，“苦劳”是对绩效是没有任何帮助的。但在现实里，很多人自以为自己有了“苦劳”，就会觉得已经很对得起公司了。这说明这些人无论是对自己还是对工作，都没有树立起正确的观念。只讲苦劳，不讲功劳，是对管理工作的一种浪费。管理要对绩效负责，直接产生绩效的是能力，而不是态度。谁产生绩效，谁就最重要。态度只有转化为能力才是有用的。

在公司里，通常的情况是，活得最好的员工不是最能干的员工，越是能干的员工越是累得半死，越是不干活的员工，活得越好。由此让人质疑：公司的考核是着重于态度还是着重于能力？如果公司50%甚至更多的绩效导向是在考核态度，那么公司里能干的人一定活得很累、很痛苦，这也意味着如果有更好的机会，他就会立马离开公司。管理要承担的责任就是让人没有机会去犯错误，让品德转换为才干，创造绩效。何时“德”比“才”更重要？一是招聘时，二是提拔时。

管理者一定要懂得把三样东西分成等边三角形：即实现权力、责任、利益三角对等。所有管理上的问题，都是因为上述三者不对等。

管理者必须明白两个十分重要的道理：

（1）管理做什么必须由经营来决定。

（2）管理水平不能超越经营水平。

为什么管理做必须由经营来决定？在一个公司中，“经营”是选择对的事情来做，“管理”是把事情做对。两者的逻辑关系非常明确。为什么“管理”不能大于“经营”？如果公司管理能力大于经营能力，很可能就意味着亏损。这就是有的公司制度很健全，文化理念很先进，人才很优秀，但经营不景气的根本原因。企业管理者虽然很懂管理，但管理观有问题也是行不通的。

针对这个问题检验标准很简单：看看公司的优秀人才在干吗？核心管理团队是在做经营还是在做管理？是开内部会议多还是开外部会议多？

从前有个员工A奉命挖一口井来方便取水。

第一天，他挖了一大半没有看到水。可他没有放弃，还是不断地在向下挖，他深信有一天一定会看到清澈的水。

第二天，他挖了一小半还是没有看到水。可他还是一样没有放弃，依然坚信着会挖到甜美的水。

可是当第三天的时候，还没有挖到水，他开始不耐烦起来，就挖了几下。然后又突然开始怀疑：真的会挖到水吗？挖井人开始疑问了起来。

又过了几天，当连续到第七天的时候还是没有挖到水，挖井人彻底的失去了信心。不想再继续挖了，扔下手里的锄头和铁锹回了家。他觉得这里不可能有水。于是头也不回地掉头走掉了。

第八天，另一个员工 B 在他原来的地方再挖深了 50 厘米就挖到了水。①

那么，我们怎么来评价 A、B 两个挖井人的业绩呢？有人主张给 A 记 90 分，给 B 记 10 分。这是着重苦力派。有人主张给 A 记 10 分，给 B 记 90 分。这是着重功劳派。我们主张给 A 记 0 分，给 B 记 100 分。因为我们是现实派。

二、结果不等于成果

很多人认为，重要的是过程，不是结果。这只是失败者苍白的辩解和自我安慰。笔者认为，努力不等于成果，付出不等于成果，苦劳不等于成果；没有价值的结果，无论你多么辛苦，你的辛苦都是不值钱的。我们唯有对自己完全负责，才会真正把工作做好。职场中的成功者都有一个共同的特点：对自己的工作负责，对工作的成果负责。学校考试，最后只看成绩，不管你平时是刻苦努力还是天天游手好闲；职场上，无论你的工作付出是多是少，衡量你工作是否优秀的重要指标，就是你完成工作的绩效。

有个故事就很好地说明了这一点：

从前，在一座寺庙内有一个小和尚负责撞钟，半年后，住持宣布要调他到后院劈柴挑水，原因是他不能担任撞钟一职。

小和尚很不服气，去问主持："我撞的钟难道不准时、不响亮吗？"

---

① 刘汉甜．寓言故事：挖井取水的人［EB/OL］．（2019-3-14）［2019-12-15］http：//bj.xdf.cn/shaoer/jyzx/ywtt/85348.html.

老住持告诉他：“你撞的钟虽然很准时，很响亮，但钟声空泛、疲软、没有感召力。”住持认为，好的钟声不仅要响亮，而且要圆润、浑厚、深沉、悠远。[①]

小和尚犯的错误也是很多职场人士在犯的错误，就是认为只要做完工作就好了，而不去管工作成果是否是公司所需要的。这样做的结果轻则就像小和尚一样被调岗，和升职加薪无缘，严重的还可能被公司辞退。因为每个企业都有自己的发展目标，具体包括对社会的贡献目标、市场目标、开发目标和利益目标，而这些目标是由每个员工的工作成果组成的。而所谓的“工作成果”，在大的层面就是公司未来的远景和目标，小的层面就是做一件事情产生的结果。

在《请给我结果》一书中，作者认为，一个员工单纯地做事只是在完成任务，充其量得到的是苦劳，而其做事的结果才是判断有无功劳的基础。坦率地说，衡量一个员工是不是优秀，除忠诚对公司以外，更大程度上要看你的工作成果，要看你创造的价值。

完成任务不等于有工作成果。比如，领导让你给客户回复邮件，你很快就回复了，就以为任务完成了，而领导想要的结果是，你不但要你给指定的客户回复邮件，并且要确保需要收到邮件的每一个客户都已经收到这份邮件，而不是你发了就结束了这么简单。“发给每一个客户邮件，并确认客户收到”就是你的工作成果，而大部分员工只停留在发出邮件这个层面。那么，怎么确认客户已经收到邮件？这就要看到每一个客户对邮件的回复，这是另一个层面。

职场中有一种员工，他们只为完成任务，而不愿意为最终结果负责，这种人职场之路往往不会很舒畅。职场中很多员工会说：“我已经尽力了”“该做的我都做了”“我已按流程完成工作”，其实这些都只是过程，没有体现工作成果。没有工作成果，做得再多，意义都不是很大。因为完成任务，不等于一定有工作成果，而没有结果的努力都是无用功。

---

① 睿睿．从“小和尚撞钟”看管理［EB/OL］．（2015-04-10）［2019-12-15］http：//www. 9ye. com/index/display~a~view~type~article~id~724359~icbid~2807. html.

三、没有成果的努力等于零

生活中我们做过很多事，有时候往往是徒劳无功。努力是好事，但是，不追求结果的努力往往会让我们白白失去很多时间与精力。

很多人在面对这样一个没有结果的结果往往会自欺欺人地说："不在乎结果，享受的是过程。"可是要让别人承认你在努力，你就必须得拿出成绩来。想要别人认可你，你得有自己的代表作。

四、成果永远不会说谎

幸福和幸运是需要代价的，天下没有免费的午餐。个人成果来自个人的努力，企业的成果来自全体员工大家的努力。成果是好是坏，是一个冷冰冰的客观存在。所以，美好的未来，需要我们共同的努力。每天、每月积累一点一滴的进步，今天无法实现的梦想，明天就可以得到丰硕的成果。只有走完平凡的路程，才能达到伟大的目标；暗自伤心，不如立即行动；希望只有和勤奋做伴，才能如虎添翼；有非凡志向，才有非凡成就。

第三节　客户满意

顾客满意是顾客对一个产品可感知的效果与期望值相比较后所形成的愉悦或失望的感觉状态。企业生产的目的之一就是尽可能地满足顾客。

一、客户价值主张挖掘

大多数公司扩大市场的方式是推出新产品或服务。而创建成功的客户价值主张才是保证公司持续推动内生式增长的关。什么是客户价值主张？客户价值主张就是客户能够得到的产品和服务。它既包括有形的方面，也包括无形的方面。

客户价值=（产品性能+提供的服务+形象）/支付的价格

以酒店业为例，一些顾客希望体验愉悦的旅行过程，一些顾客希望越方便越好，一些顾客对价格比较敏感，还有一些顾客特别看重安全。创建一个成功的客户价值主张需要经验和直觉，如果能采用非常实用的管理流程，成功概率也会大幅提高。

如何找准客户价值主张？具体而言实施以下举措可以做到：

1. 市场回溯分析

所谓回溯分析，就是追踪决策时对原决策所进行的分析，采用此方法的市场分析。

要了解消费者，就要对消费者进行分析、研究。对消费者的市场研究主要是对消费者的消费行为进行研究，可以调查消费者的个人偏好和未来行为预期，然后将得出的数据同有关消费者实际行为的信息相结合。同时，也可以利用统计技术对产品选项进行研究，先为消费者提供一系列的功能和价格组合，然后根据他们的选择来推断产品属性或功能对他们重要性。另外，还可以模拟购物体验，再现消费者在真实市场环境中是如何进行选择的。

这些分析都是客户细分的基础，使你能够根据客户最看重的方面和价格敏感度，找到专注于特定需求的客户群。

2. 达尔文竞争审查

根据达尔文《进化论》，个体之间的竞争由生物进化而来，当然，生物进化的方向是朝着适合生物的方向而发展的，个体之间的竞争在一定程度上为生物的进化提供了有利条件，即物竞天择，适者生存。

就像经过自然选择、不断进化的物种一样，所有能推向市场的创意都有自己的原始雏形。企业只是应用了过去业已证明为成功的创意。因此，公司需要仔细分析在不同市场都卓有成效的客户价值主张，并密切观察在该领域已经站稳脚跟的竞争对手。

3. 能力前瞻评估

企业能力系统是能力、技术、实践、流程、技巧和文化的集合，可以依靠能力系统提供具有竞争力的价值主张。可以采用多种差异化能力，把它们组合为一个系统，相互加强，建立屏障，以阻挡竞争对手，使公司能够在所选定市场获得竞争优势。

上述三个方法是启动创意的武器，同时，也是实用的创意过滤器，能确保价值主张的成功落地。

二、客户价值主张实现

客户价值主张是对客户真实需求的详细描述，在实操中体现在顾客选择产品（服务）时的数个关键指标。它是一种针对竞争对手的竞争战略，既有与竞争对手相似点，又有比竞争对手更优的差异点以及面向客户的个性化产品（服务）策略。

1. 企业选择

企业要想实现稳健、持续的发展，应该做好以下几点：

（1）对顾客需求的发展趋势作出正确的判断，对市场竞争态势作出正确的预测。

（2）根据企业自身的资源结构、特点，进行战略取向的选择。

（3）当企业自身战略转变不切合顾客价值取向趋势时，要做出色的跟跑者。

2. 制定方法

企业制定价值主张的常用方法有以下几种：

首先，罗列出全部优点。制定客户价值主张时，需要将企业产品可能给目标客户带来的好处全部罗列出来，并需客户真实需求进行对接。

其次，宣传有利点。企业必须突出自己与竞争对手的不同之处，要对市场次优替代品了如指掌。

最后，突出共鸣点。企业必须抓住目标客户最看重的数个要素来展示自己产品的优势，并向客户证明这种卓越性能的价值，并且在沟通中表明自己十分了解客户的业务重点。

合理构建、妥善传递的客户价值主张能够对企业战略做出的重大贡献，并可能大幅提升公司业绩。

事实上，客户价值主张既能为公司创造卓越业绩提供明确方向，又能为创造卓越业绩打下良好的基础。因此，让客户价值主张发挥良好作用，不仅仅是营销部门任务，也是公司管理层的任务。

三、经营价值客户

要做好客户关系，首先必须做好管理客户价值。客户价值管理是企业根据客户交易的历史数据，对客户生命周期价值进行比较、分析，发现最有价值的客户和潜在客户，通过满足客户服务的个性化需求，提高客户忠诚度和保持率，以提升企业盈利能力。

1. 客户价值的分类

客户价值包括既成价值、潜在价值和影响价值。

（1）既成价值。由于客户与企业关系的持续性，客户对企业的价值的体现在增加利润、节约成本和贡献既成影响价值。

（2）潜在价值。潜在价值是指客户未来进行增量购买给企业带来的可能价值。潜在价值包括客户交易可能的持续性（时间）与客户未来每年可能为企业提供的利润（金额）。

（3）影响价值。高满意度的客户，带来的不仅仅是自己持续购买公司产品或者服务，而且会影响其他客户前来购买。

2. 客户价值管理的步骤

完整的客户价值管理包括三个步骤：

（1）采集所需数据。

（2）进行客户价值分析。

（3）根据不同客户价值来决定各个方面应该采取的措施。

第四节 经营效益

经营效益是指企业在生产经营过程中所获得的效益，企业的目的就是要提高经营效益。要想研究提高企业经营效益问题，必须分析和掌握影响企业经营效益的相关因素，从中找出经营管理的薄弱环节或公司存在的问题之所在，再确定切实有效的措施和正确的途径，提高企业经营效益。

一、经营的本质

何为企业经营？无可厚非，企业经营的终极目标就是为了赚钱，因为企业就是以赚钱为目的的组织。那么，除了赚钱，企业还有其他的追求吗？企业是如何实现赚钱的？在我们看来，过去朴素地认为企业经营就是为了赚钱的经营思路需要与时俱进。

国内著名管理学者陈春花教授认为，构成经营的基本元素为顾客价值、有竞争力的合理成本、有效的规模以及深具人性关怀的盈利。其中，顾客价值是企业存在的前提，如何理解顾客价值就决定了企业的战略方向以及所采取的经营策略。有效的规模并不代表着企业的规模越大越好，要尽量避免被“规模可以带来领导者地位和市场权力”“规模自然会带来更高的回报”“规模经济起作用”等规模魅力所误导，防止陷入大企业病、规模不经济的经营怪圈。同时，有竞争力的合理成本并不代表廉价劳动力，而是产品与服务持续符合客户期望的前提之下，杜绝一切浪费以及简化、简化、再简化管理体系。企业盈利的观点就是深具人性关怀的盈利，企业必须从利润、顾客、成长、人员、管理、公民身份等维度充分体现自己的核心价值理念。

一家缺乏对顾客价值洞察的企业，即便是它短时期内获得了足够丰厚的利润，但企业很难保证走得长、走得远；同理，一家缺乏高成长性的企业也一定不是一家好企业；此外，一家不是把员工当作资本来经营而只是简单地、机械地把员工当成机器设备来使用的企业也一定不是好企业。因此，现代企业对经营的理解已经完全颠覆了原来那种狭隘的认识。

二、第三代经营理念

中国企业的对经营的理解大致可以分为三个阶段，从关注投入与产出获得盈利，到增加效率变量，再到关注市值，每增加一个考量因素，企业经营理念就前进了一大步。

1. 赚钱=收入-支出

这是对企业经营最朴素的认知，很多人认为做企业唯一目的就是为了赚钱，赚钱的多少取决于收入减去支出的差额，也就是我们通常所说的开源与节流。

2. 赚钱=（收入-支出）×效率

这是一个全新的经营理念，企业除了关心收入与支出之外，还需要关注效率，即同样的支出看谁的收入更大，或者同样的收入看谁的支出更小、同样的收入看谁周转更快、同样的收入看谁花的时间更短。

3. 值钱=（收入-支出）×效率×市盈率

有人说过，现在的企业只有两种，即上市企业、非上市企业。非上市企业又分为两种，一是通过自己的努力未来实现上市，二是把自己的经营做好，未来被上市企业兼并或收购。不管是哪种企业，都需要思考如何提升自身的市盈率，让自己变得更加值钱。还有人说过，过去的企业是靠卖产品或卖服务赚钱，而未来的企业是靠卖公司赚钱。不管是哪种观点，这些观念都给企业经营带来了新的挑战。在未来，企业除了关心赚钱之外，还需要关注另外一个更重要的变量，那就是市盈率。同样的利润，不同的市盈率，企业的市值就会差别很大。

三、年度经营计划

年度经营计划的最终结果会直接体现在当期经营效益上，因此，我们有必要对企业年度经营计划确定的全过程做一个详细的介绍。

1. 年度经营环境分析

很多人认为企业在战略规划的时候已经对经营环境进行过系统地分析，为什么在做年度经营计划的时候还需要对经营环境进行分析呢？

有人把现在的商业环境归结为3C。Customer（顾客）：如何满足持续调整的顾客核心需求？Competition（竞争）：企业如何适应残酷的竞争，并在竞争中取得胜利？Change（变化）：如何响应快速变化，如客户需求的变化、竞争环境的变化、新技术的变化？可见，企业现在面临的经营环境无时无刻不在发生着巨变，如国家货币政策调整、新技术与新材料更迭、进出口形势变化、新竞争对手加入等，这些因素都会影响企业决策和战略调整，因此，每年在进行年度经营规划的时候，都要对既定的战略进行回顾。同时，根据当期的经营环境对战略目标进行适度调整也是非常有必要的。

2. 年度竞争策略规划

任何一家企业都不可能脱离竞争而独立存在，况且现在企业之间的竞争犹如战场上两军对垒愈演愈烈，因此，把握行业竞争环境，选择合适的竞争策略是企业能否在年度竞争中获得胜利的关键。因为企业通过竞争对手锁定、年度竞争态势分析可以明确自己的市场地位和竞争优势，以便采取更加有效的市场竞争策略赢得竞争。

年度竞争态势分析及竞争策略选择主要工作包括行业关键成功因素识别、竞争对手锁定、行业竞争态势分析、竞争策略确定（包括品牌策略、市场推广策略、促销策略、产品研发策略、供应链策略、财务投资策略以及人力资源策略）等。

3. 确定年度经营目标

通过前面一系列的分析和规划，企业对年度战略发展需求、年度经营环境、行业竞争态势、机会和威胁都有了清晰地认知，同时通过市场策略的规划，企业对如何进行年度经营也已有了比较清晰地定位。接下来就要根据前面的分析结果和相关策略确定年度经营目标，年度经营目标的确定主要包括年度战略地图输入识别、绘制战略地图、进行目标分解，等等。

4. 编制年度业务计划与经营预算

年度经营目标确定后，企业就可以根据各业务线条、各职能部门来确定年度业务计划，编制经营预算。此项工作对于企业而言至关重要，因为这个环节是真正将经营目标落地实施的关键。

其中，年度业务计划包括年度营销计划、年度新产品研发计划、供应链运营计划、财务投资计划、人力资源规划等；年度经营预算包括年度战略投入预算、年度资源投入预算、年度成本预算、年度收入预算、年度损益预算等。

5. 年度经营计划实施平台构建

为了更好地落实年度经营计划中的各项举措，企业在实施年度经营计划之前还需要思考并做好年度经营计划实施平台建设工作，主要包括：基于年度经营计划的流程平台建设；基于年度经营计划的组织体系建设；基于年度经营计划的员工激励与发展体系建设。

6. *年度经营计划实施衡量与评价*

在年度经营计划的实施过程中，企业还需要建立必要的经营决策机构和机制，并通过绩效管理、定期目标检讨、经营驾驶舱等多种手段对各项指标的达成状况进行跟踪和评价，及时发现问题，保证目标的顺利实现。

年度经营计划实施衡量与评价系统主要包括健全年度经营决策组织、建立和完善经营决策会议体系、建立目标绩效管理与绩效合同、定期组织年度经营计划实施检讨与评价等。

第五节 战略实现

战略实现就是战略目标的达成，包括财务、客户、内部流程、学习与成长四个层面的目标达成。要实现战略目标，就需要进行战略规划、战略实施。

一、战略规划

下面详细介绍企业发展战略规划的全过程。

1. *愿景描述：确定梦想*

在任何企业，愿景就是企业的发展蓝图，是企业永远为之奋斗并期望达到的理想场景，愿景一旦确定，就需要企业全体成员将其作为终极目标去追求。愿景描述就是要解决这样一个最基本的问题：我们要成为什么？我们将向哪里去？

2. *战略分析：认清环境*

愿景为企业描述了未来的发展场景，有了清晰的愿景描述之后，企业还必须客观分析自身面临的经营环境，认清自身所处的位置，这就是企业战略分析。

通常情况下，企业经营环境分析主要有两个维度，即外部环境分析、内部环境分析：

（1）外部环境分析是通过收集和分析企业外部经济、社会、文化、人口、环境、政治、法律、政府、政策、技术和竞争等信息，确定企业所面临的机会和威胁。

（2）内部环境分析是通过收集和分析企业有关管理、市场营销、财务管理及投（融）资、生产制造、供应链管理、产品研发、品质管控、人力资源、企业文化、核心价值链优化等方面的信息，确定企业最重要的优势和劣势。

3. 战略定位：寻找目标

企业在对外部环境、内部环境进行客观分析之后，还需要将分析的结果用SWOT矩阵进行归集和再分析，为企业进行战略定位提供依据。

根据企业的SWOT分析结果，我们就可以确定战略选择的方向，通常情况下，企业会有很多选择：前向一体化、后向一体化、横向一体化、多元化、并购、剥离，等等，这些都是可能的选择之一。当然，企业还可以进行战略组合选择，但究竟是选择单一战略还是组合战略，这需要评估企业自身的资源状况，因为没有一家企业能够拥有足够的资源来选择和实施对其有益的所有战略。

4. 职能战略：分解目标

在进行战略实施的过程中，企业还需要对目标进行分解，比如新产品研发、生产制造及供应链、市场营销、财务投资、人力资源等，这就是我们通常所说的职能战略。

二、战略实施

战略实施是把战略制定阶段所确定的意图性战略，转化为具体可行的组织行动，保障战略目标的实现。新战略的实施常常要求一个组织在组织结构、经营过程、能力建设、资源配置、企业文化、激励制度、治理机制等方面做出相应的变化和采取相应的行动，也涉及对被实施的战略进行评估。

1. 战略实施的四阶段

战略实施是一个动态管理过程，需要从上而下加以贯彻。它包括4个紧密联系的阶段。

（1）战略发动阶段。在战略发动阶段，如何将企业战略的蓝图变为企业全体员工的实际行动，这是企业领导人需要研究的问题。要想办法调动起广大员工实现企业战略的积极性和主动性；要对企业相关管理人员和员工进行业务培训；同时，要向他们灌输新思想、新观念，消除一切不利于战略实施的老观念、旧思想，使广大员工逐步接受新战略。

（2）战略计划阶段。战略计划阶段就是将企业战略分解为数个战略实施阶段，每个实施阶段都有分阶段的目标以及实现这些目标的相关方针、政策、策略、措施等。要制定分阶段目标的具体时间表，要对各分阶段目标进行统筹规划、全面安排，要注意各个阶段之间的有机衔接。要制定部门策略，并加强沟通，使战略目标具体化，变成各部门具体操作的业务。

（3）战略运作阶段。企业战略的实施运作需要重点关注六个方面的因素，即：企业组织机构、管理人员的价值观与素质、资源结构与分配、信息沟通、控制及激励制度、企业文化。通过这六项因素，使企业战略真正落实到企业的日常生产经营活动之中，成为制度化、程序化的管理内容。

（4）控制与评估阶段。战略是在变化的环境中实践的，企业只有加强对战略执行过程的控制与评价，才能适应环境的变化，完成战略任务。这一阶段主要包括建立控制系统、监控绩效和评估偏差、控制及纠正偏差三个方面。

2. 战略实施的措施

战略实施的措施必须注重各个细微的细节，因为它涉及战略的具体执行。在制定和实施战略措施时，要注重柔性和变通性，因为外部因素具有不确定性，而内部因素具有不可控性特点，致使原来制定的措施可能无法有效地解决现实问题。更为普遍存在的问题是，制定措施的人并不是实施措施的人，这就会导致制定者与实施者对措施的理解不一致，从而导致实施过程中产生错误。这就需要加强反馈工作，不断完善管理措施，保证措施的正确实施。

3. 战略实施的原则

在战略目标的实施过程中，企业常常会遇到许多之前未曾估计的问题，为了解决这些问题，在战略实施中，必须贯彻适度合理性原则，统一领导、统一指挥原则，权变处理原则。

三、战略循环

战略本身就是一个循环系统，战略管理是环境与企业之间相互适应、相互影响的循环问题。为了保证企业发展战略的可持续性，需要从观念层面、制度层面、组织层面、能力层面、执行层面提供支持，保持战略的循环性。这就是战略循环系统。

1. 战略循环系统的内容

（1）战略理念。战略理念，是指企业全部生产经营活动（包括其战略管理活动在内）的指导思想，即为企业生产经营活动所确定的价值观、信念和行为准则。战略理念的内容包括企业的使命宣言、企业的经营理念、企业的核心价值观、企业的企业文化。

具体的战略理念，是以公司宗旨、训示以及基本经营方针、经营纲要、经营指针等形式来体现的。这意味着，可通过各种不同的方式表达战略理念，第一类是企业所重视的价值观、企业的存在意义、经营态度与行动规范三个方面；第二类是公司宗旨、基本经营方针两方面。

（2）制度设计。企业必须制定切合企业实际情况、相对完善的战略管理制度体系，主要包括战略规划制度、战略管理流程，并与其他企业制度相配合。企业制度的构成为：

①企业产权制度；

②企业组织制度；

③企业管理制度。

(3) 战略结构。战略结构描绘了企业迈向未来目标的路线图，包括公司的宏伟目标以及要达到这些目标的路径。企业发展战略的实施有赖于健全的企业结构，这些结构包括企业治理结构、组织结构和业务流程。

一般企业都会设置专门的战略管理部门，作为董事会的参谋和执行机构，承担战略管理职能。此外，一些企业还会在董事会中引入独立董事，以对企业发展战略进行客观、公正的评价。设计战略机构的目的是要通过识别企业发展的机会与风险，整合企业竞争力，捕捉市场机会，为实现企业收益最大化做准备。

(4) 企业文化。如果说战略规划是企业的智商，那么，企业文化就是企业的灵魂，而企业结构就是企业的肌体。三者缺一不可、互相适应、互相促进，共同构成企业的生命体。

为保障为企业的战略管理提供丰富的信息资料和先进的信息技术，一方面，企业必须加强信息系统的建设，特别是管理信息系统的建设，使企业对内外经营环境作出客观、准确的判断，确保企业的经营和管理战略能够随机应变；另一方面，企业要致力于不断创新，以巩固和强化企业在产品（服务）创新能、市场营销和企业文化等方面的核心竞争力。

2. 建立战略循环系统

(1) 培养战略能力。战略能力是实际可行的，也是战略的关键组成部分。强大的战略能力可以为企业创造新的增长。能力也是战略和执行之间的通道，若无法客观评估能力，则会造成执行中的失误。糟糕的执行往往源于企业能力和需要成功实施战略之间令人意外的巨大差距。差距存在的部分原因是另一种不匹配：评估市场吸引力的严格工具和方法与评估内部技能和能力的工具和方法之间的不匹配。遇到挫折后，很多企业都匆匆地去尝试明确并积极管理内部能力。

①储备内部资源；

②找出过去成功和失败的逻辑；

③超越孤立的能力，培养综合资质；

④优先排序和提升能力。

了解企业的能力和资质很重要，但是这还不够，必须将与市场机会进行匹配，并弥补差距。运用策略找出能力短板并对其排序。在目前的业务中，短板通常非常明显，但是，企业需要从业务单元和企业层面进行考虑。企业短板如何在非常分散化的媒体环境下培养消费者意愿，这和大多数品牌建立的环境大相径庭。要弥补这个短板，是个大工程。企业还必须找出未来需要的新能力，并考虑目前的市场和新市场。

运用综合法弥补差距。大企业内弥补差距的默认方法是内部培养。这在需要长期独占优势时很可能是最好的方法。但这不是唯一的方法，合作和并购也应该考虑进去。

对停止投资的领域要果断。减少未来不在重要领域的能力投入的决定会引起争议，但通常是必要的决定。培养新能力的资源需要来自某个地方，固守过时的能力只能伤害企业未来的市场表现。

战略方案选择必须和企业能力匹配。需要新能力的时间越紧迫，可能性越大，越要更加积极地填补空缺。如果差距过大，企业很可能需要改变策略，以适应较为现实的能力培养计划。

（2）战略实施机制。战略实施机制是指将战略方案转变为业务经营与管理活动的各种行为关系。它是企业战略实施的前提。为此，企业不但要明确目标责任制，并且要逐级加以落实，还要制定督查检查制度，发现偏差及时纠正。同时，还要建立健全良好的激励制度和约束措施。

要保证企业战略的实施和最终实现，必须制定科学、务实的配套战略。配套战略主要包括：资产控制策略和组织体系发展策略、市场定位战略、业务发展策略、互联网发展策略、资本运作策略、成本控制策略等。同时，要建立健全科学完整的战略支持体系。这些支持体系主要包括：信息技术支持、市场营销体系支持、风险控制体系支持、后台处理体系支持、财务保障体系支持人力资源支持和企业文化支持等。

（3）战略评价与分析。企业战略评价活动包括：业绩度量、内外环境的重新审视、采取措施纠偏。企业内部资源能力分析，是对企业自身所具备的经营素质、管理资源等进行的分析。分析的要素涉及组织体系、管理体制、业务结构、产品创新能力、服务技术水平、营销体系、财务管理等企业经营管理的各个方面。在具体分析时，企业要对自身的资源能力优势、存在的不足和面临的机遇和挑战进行充分的估价和分析判断，以便于在制定战略时扬长避短、发挥优势，有效利用自身资源和发展能力，制定务实的应对策略与措施。

（4）战略更新与循环。战略管理不仅要规划发展方向，而且要不断汰旧换新，使企业在新的起点对外界环境不断进行适应，不断创新发展。这就要求企业战略后续发展要做到：根据市场需求的变化，不断进行战略循环，重新寻找市场定位、顾客定位和服务定位。

第八章 格 局

性格决定命运，气度影响格局。

——余世维

格局，格是人格，局是胸怀；细节好的人格局一般都差，格局好的人从来不重细节，两个都干好，那叫太有才！

——马云

“格”是对事物认知的程度，“局”是指做事情的大小以及结果；二者合起来称之为格局。不同的人，对事物的认知范围不一样，所以说，不同的人，格局不一样。

——本书作者

第一节　人格魅力

人格是一个人的性格、能力、气质等特征的总和，也指个人作为权利、义务主体的资格与道德品质的状态。而人格魅力则是指一个人在性格、道德品质、能力气质等方面具有的吸引人的力量。

一、宰相肚里好撑船

宋朝宰相王安石中年丧妻，后来续娶了一个妾叫姣娘。姣娘年方十八，出身名门，长得闭月羞花，琴棋书画无所不通。婚后，王安石身为宰相，整天忙于朝政，经常不回家。姣娘正值妙龄，独居空房，便跟府里的年轻仆人私下偷情。这件事很快就传到了王安石的耳朵里。略加思索之后，王安石使了一计，这天，他谎称上朝，却悄然藏在家中。入夜，他潜入卧室外窃听，果然听见姣娘与仆人在床上调情。他气得火冒三丈，举拳就要砸门捉奸，但是就在这节骨眼上，“忍”字给他当头一棒，让他冷静下来。他转念一想，自己是堂堂当朝宰相，为了一个小妾如此动怒实在犯不上。于是，他把这口气咽了回去，转身走了。不料，没留神撞上了院中的一棵大树，一抬头，见树上有个老鸹窝。他灵机一动，随手抄起一根竹竿，捅了老鸹窝几下，老鸹惊叫而飞，屋里的仆人闻声慌忙跳后窗而逃。事后，王安石装作若无其事的样子。

时间一晃到了中秋节，王安石邀姣娘花前赏月。酒过三巡，王安石即席吟诗一首：“日出东来还转东，乌鸦不叫竹竿捅。鲜花搂着棉蚕睡，撇下干姜门外听。”姣娘是个才女，不用细讲，已品出这首诗的寓意，知道自己跟仆人偷情的事被老爷知道了。想到这里她顿感无地自容。可她灵机一动，跪在王安石面前，也吟了一首诗："日出东来转正南，你说这话够一年，大人莫见小人怪，宰相肚里能撑船。"王安石细细一想，自己年已花甲，姣娘正值弱冠年华，偷情之事不能全怪她，还是来个两全其美吧。过了中秋节，王安石赠给姣娘白银千两，让她跟那个仆人成亲，一起生活，远离他乡。这件事很快传了出去，人们对王安石的宽宏大量深感敬佩。"宰相肚里能撑船"这句话也就成了宽宏大量的代名词。①

一个人度量的大小，在于其是否志存高远。抱负远大者，不会计较个人荣辱与眼前的得失。只有胸怀大志，才能胸襟宽广。

二、最大的自私就是无私

《老子》第七章有云："天长地久，天地所以能长且久者，以其不自生，故能长生。"意思是天地所以能够长久，是因为它们的一切运作都不为自己，所以能够长久。所以，有道的人把自己退在后面，反而能赢得爱戴；把自己置之度外，反而能保全生命。

有句话这么说，"最大的无私就是自私"，意思就是，你对社会、对别人做的所有贡献，最终都会有所回报的。你越是帮助别人成功，自己就越成功！简单地说，就是付出的越多，回报的也就越多。

还有一句话是，"最大的自私就是无私"，这句话的意思就是，一个人不可能通过危害别人最终成功，你越是想让自己成功，你就越得帮助别人成功，就越得对社会有所贡献，不付出，就不会有回报；有了大的回报，就一定是付出了。其实，这里的"自私"和"无私"，不能按照我们平时贬义或褒义那么理解的，你可以把"自私"理解为"回报"，把"无私"理解为"付出"。

任正非对人性的洞察无疑是成熟的、深刻的，他常说的一句话是："最大的自私是无私。"因此，30 年的华为就是 30 年"分分分"的华为，分什么？分银子、分位子、分面子。18 万华为人一起共享财富、权力和成就感，其结果就是 18 万知识劳动者的战斗力和凝聚力所带来

① 靖思靖语．宰相肚里好撑船［EB/OL］．（2017-12-24）［2019-12-15］https：//www.jianshu.com/p/b7524750bd6f.

的发展奇迹。

三、包容也是一种能力

> 包容是种能力，是心的能力。

1. 不计较、不在乎

要乐观看待身边的人和事，不要总是把事情想得那么悲观，也不要因为别人的一些小缺点和小错误就把别人“一棍子打死”。

在社会交往中，受委屈、被误解、吃亏的事是不可避免的。面对委屈、误解和吃亏，最明智的选择就是学会宽容。因为宽容是一种良好的心理品质，它不仅包含着理解和原谅，更显示出个人的胸襟和气度、坚强与力量。一个人如果不会宽容别人，只知道苛求别人，其心理就会常常处于紧张状态，从而导致神经紧张，使身心进入恶性循环。

宽容者往往宽以待人、严于律己，这就相当于给自己的心里安了一个调节阀。乐观是一种积极向上的性格和心境，能够使人保持良好的心理状况，它可以激发自己的活力和潜力，纾解矛盾，正视困难；而悲观则是一种消极的、颓废的心境，它使人痛苦、悲伤和烦恼，既影响身心健康，也无助于问题的解决。

包容是一种仁爱，是一种气度与胸怀它可以给予人福分。宽容别人就善待自己。包容是一种崇高的境界和高尚的品质，是一个人精神成熟、心灵丰盈的表现。

2. 忍耐不完美

有个令人印象深刻的故事说：

有一个身上长着胎记的美丽妻子，她丈夫是外科医生，因为无法忍受那点不完美而决定动手术去除，开刀后却发现胎记根很深。于是，这位丈夫决定深挖，最终终于去除了疤，而他的妻子却瘫痪了。[①]

追求完美实际上是一种心理症结。它形成的原因可能是童年时父母教育方式不当，对孩子行为过于苛求，批评过多。孩子为了让父母满意而形成了追求完美了习惯。另一个原因是内心缺少安全感，只有做到完美才觉得安全，容易形成“强迫行为”。

最近，吴锋的儿子把他的手机屏幕摔碎了，吴锋内心生气了几秒钟后就释然了，而且决定不换屏不买新手机，他想要学会忍受不完美。每当他看到自己的手机，就会提醒自己——“我要忍耐不完美”。慢慢地，无论是对自己还是对别人，他发现自己变得宽容了很多，不再要求别人做得符合自己的预期。面对别人的“过错”也开始可以很舒服地应对了。

其实，对一个追求完美的人讲道理是没用的，因为每一个劝自己放弃追求完美的理由后，心里便会冒出好几个应该追求完美的理由，这就是潜意识的情结，言辞难以说服。

所以同样，你如果想要改掉完美主义，就要坚决放弃追求完美，忍耐一些小小的不完美。在忍耐中，你会变得有力量，有包容度，忍耐是痛苦的，但是终会苦尽甘来，是值得的。从做事到做人到管理，容错既是一种态度，也是一种能力。如果不能容错，在现实中，即便你的每一步都是对的，也可能举步维艰。你做企业，你的员工、你的合作伙伴、你的投资人、都有可能犯错，每一个错误都可能让你的公司陷入万劫不复的境界。最后，就逻辑而言，容错和去抨击修正错误的事情，是两件完全独立的事情。然而在现实的争论中，人们往往为了强调自己的观点，而抨击彼此，这种逻辑的硬伤，在互联网上，相当常见。

包容是一门学问，学会包容的人，就学会了生活；懂得包容的人，就懂得快乐。这门学问，是来自内心“慈悲喜舍、善良仁爱”的自然流露。它是一种精神的凝聚，它是一种善良的结晶，是人性至善至美的沉淀。包容是一种美德，它可以使你的人格得到升华，让你的心灵得到净化，它是

---

① 闫昌．你和神不一样［EB/OL］.（2012-4-22）［2019-12-15］https：//www. xinli001. com/info/100040241.

人修身养性的一本“真经”。包容是一种境界，人要达到这种境界，就必须拥有博爱的心、博大的胸襟，还要有一份坦荡、一种气概。它是香兰被人踩倒却留香脚底的气质。包容是一种幸福，能够包容别人是一种幸福，让别人心存感激更是一种幸福。

人生一世，不能使自己在琐事困扰中作茧自缚，更不能在无尽痛苦中度过。包容是赢得朋友的保证。学会包容他人，也等于学会了包容自己。包容他人对自己有意或无意的伤害，需要具有超凡脱俗的气概；包容他人的过失，是给予他人改过自新的机会；包容他人对自己的仇视，是人格高尚的袒露。总之，包容是人生的一种财富。

生命无常、人生苦短，有的人沐浴着快乐、幸福，有的人在无尽的悲愤和埋怨中挣扎。包容别人的过失，包容众生的错误，是人生最大的财富。万事都由因缘生，缘生缘灭、缘来缘去，人生本来就坎坷，岂能尽如人意？何必怨天尤人？何必去痛苦烦恼？生气就是拿别人的错误来惩罚自己。世界上人物各异，好坏并存，我们又何苦去唠叨世态炎凉、世风日下呢？“水至清则无鱼，人至察则无徒”，万物都有其不足的一面，我们为何不以一颗火热的心去包容别人。

包容别人的过错，不是欣赏、成就和鼓励别人去犯错，也不是对他的放纵，而是容忍别人的过错，让别人更好地改正。对他人犯的错如果放任自流，那是不负责任的表现。一味迁就、溺爱，是害人之举，这不是包容，而是对包容的曲解和玷污。包容需要精深的艺术，只有领略到了其中的奥妙，才能真正拥有那份坦然、广阔而又自然的心胸，这样才能活出妙曼人生。

第二节　胸怀天下

古往今来，凡取得重大成就的仁人志士，都胸怀天下之志。胸怀天下就是要要立下远大的志向，承担起历史赋予的重任。“胸怀天下”道出了人的品格与精神。在现今和谐的社会环境中，处在开放与变革的时代也要求每一个管理者胸怀天下，志存高远。直接参与到中国改革开放与民族复兴的伟大进程之中，只有直接参与到国际合作与竞争之中，才能把握发展的机遇，才能承担起时代赋予的使命与责任。

一、利己、利他、利众

利己、利他、利众是为三利。企业因利己而生，因利他而久，因利众而强。

> 利己是本性，利他是境界，利众是追求。

1. 利己

利己是指考虑自己的利益。所谓利己，跟坑人不是一回事。利己，是一个个体概念。关注自己以及身边的每一个人。

利己不是利己主义。利己主义是一种只顾自己利益而不顾他人利益的思想，利己主义是把个人利益看作高于一切的生活态度，利己主义是只顾自己利益而不顾集体利益的行为。利己主义者把利己看作是人的天性，主张“人不为己，天诛地灭”。他们崇尚的是：从极端自私的个人利益出发，不择手段地追逐地位、名利和享受。从企业角度来说，利己是从企业竞争的角度出发，在商品竞争中，重点考虑企业的发展。

人除了利己，还要利他，为求自保，视他人的生命为草芥，那么，在灾难面前，我们就会是一盘散沙。利己无可厚非，但不能损人，这是底线。

2. 利他

利他是给予他人方便和利益，不求回报、尊重他人利益的行为，是出于自觉自愿的一种利他精神的、有益于社会的行为。通过这种行动，一方面满足自己的需要，同时又帮助别人；在需要的时候，甚至不惜放弃自己的利益来满足别人的利益。

清末小说家刘鹗在《老残游记》中有这么一句话：“人人好公，则天下太平；人人营私，则天下大乱。”说的就是只要人人都去关心社会，那么天下也就太平了，这便是我们说的利他精神。当人们不再以自我为中心，学会去关心身边的人，学会从利他人的角度出发，不仅自己感到幸福，也能给身边的人带来快乐，从而照亮自己前行的路。

拥有利他精神能让我们自身大有受益，能让我们消除执着自我的紧张、恐慌及痛苦心情，而让当下面对的事情趋向圆满。每个人都有对自我的执着、自私的一面，像日常生活中发生的许多冲突，其实就是我们常常以自我为中心所导致的。如果凡事从利益他人的角度出发，就能破除那些顽固的我执，就会发现很多美好的事情将不期而至。一颗利他之心是一种健康的心态，能让我们活得健康长寿，接近内心最真实的快乐，对成长和修行来说都是非常有帮助的。

《入菩萨行论》中有言，有了一颗利他之心，面对一切就会有一种随缘的感觉；而没有利他之心，自私心就会越来越顽固，因此常常会陷入痛苦的境地。人人都有各种各样的烦恼、缺陷、痛苦，应常常去反思自己，学着不以自我为中心，这样利他之心就会显现，所谓的烦忧也会自然减少。

佛陀告诉我们，人的一切快乐，是从利益他人中产生的，一切痛苦，都是由只为自己而引起的。只有明白这一点，并学会身体力行去实践、改变，站在对方的角度去思考，就会明白幸福所在。

人之所以感到痛苦，是因为对自我的执着；想要真正地离苦得乐，就必须从内心出发，当我们学会不再去纠结那个小我的得失，而是将重心转为利益他人，这时就会发现原本把我们压得喘不过气来的一切，不知不觉就不存在了。

有了这一颗利他之心，即使没有的家财满贯，这颗纯粹的利他之心也是难能可贵的。《经庄严论》中讲道：求自乐的人不但不会快乐，反而会经常产生痛苦；求利他的人不但自己快乐，而且事业容易圆满成功。

所以，做人要常怀一颗利他之心，拥有这颗利他之心，人生就不会苦到哪儿去，福虽暂时未至，祸早已远矣。

3. 利众

在世间做利众之事与做自己的世间事业，在成就者的眼中是并行不悖的。能利己并利他者，是上等的世间事业。真正的利己便是利他，利他者多能成就利己。

每个人做世间事时要区别利己与利众吗？要以怎样的心去做分内的事呢？当然要区别利己和利众。做好分内之事，是做人的本分。许多时候，能做好本分之事，便是很好的利众。

利众的具体方式包括哪些？就是从身边做起，从现在做起，从你我做起，从当下做起。在利众精神中，我们可以先以心利，再以行利。尽量利他，利他是最大的自利。利众也可以体现在心上，不一定完全体现于物质。

当自己和他人无二、无别时，利己利众就是一回事。利他也是一种生命的习惯。久久熏染，就会形成习惯。生命本来也不属于孤独属性，生命的存在是利己利他与利众的生命综合呈现。

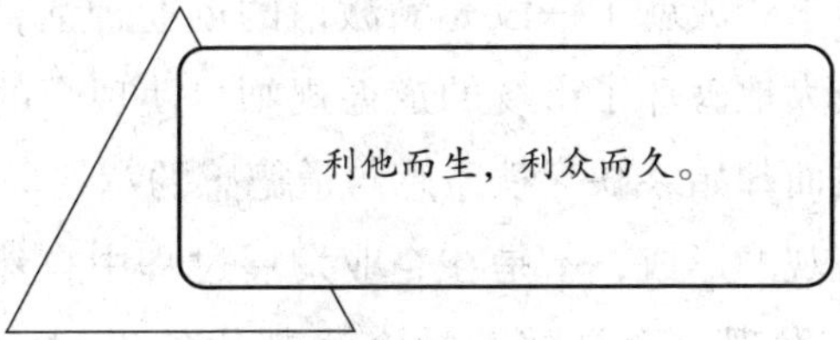

从企业利益相关者角度分析，“利己”就是利企业所有者，“利他”就是利内部利益相关者，包括股东、管理者、工会、雇员。“利众”就是利外部利益相关者，包括顾客、政府、媒体、公众利益群体、银行、竞争对手、广告商、供应商、其他利益相关者。

二、企业公民

企业公民是企业在社会上的公民形象，是企业将日常商业实践、运作和政策进行整合以使之与社会基本价值相符合的行为，它反映了社会对企业的信心和信任的原因，是企业承担社会责任的理性选择。企业要成功，社会就得健康，企业需要全面考虑对所有利益相关者的影响，包括对员工、客户、供应商、社区以及自然环境的影响。

1. 环境

企业作为社会的细胞，需要吸取社会资源才能生存。企业在享受社会资源的同时，也应该以符合社会伦理、道德的行动方式回报、奉献社会。“企业公民”这一概念，蕴含着社会对企业的基本要求，意味着企业作为社会的一种公民，应当承担起对社会应有的责任与义务。

2. 社会

企业作为一种社会公民，培育肩负应有的社会责任是其应有的价值观，要成为优秀的企业公民，就要履行自己的应有的社会责任。固然，企业是以赢利为目的的经营组织，企业短期的成功可以通过很多方式取得，但要持续不断地发展，只能从人类普遍的价值公理中去追寻。《大败局》一书的作者曾尖锐地指出：“如果用一句话来描述中国市场环境的现状，那就是对秩序的集体破坏以及秩序对破坏者的报复。在过去的十来年里，我们的身边出现了太多的明星企业，他们一方面以一种百无禁忌的勇气创造和放大了市场需求，成就了一段充满激情的创业神话，而另一方面，他们的百无禁忌也极大地破坏了市场的道德规则，使现今的中国市场仍是一个流淌着无限商机而却始终缺乏秩序感与道德感的竞技场。”

企业公民价值观的形成，不是在企业发展过程中自然而然形成的，也不是企业家的良心发现，而是随着社会法制化的进程而出现的。也就是说，社会法制、社会纪律是企业公民价值观形成的基础。没有合理的、统一的社会规则，就没有企业正确的价值取向与道德追求，就无法形成和谐健康的社会氛围。

3. 合作伙伴

作为社会公民，一个企业只有有了社会责任感，才能让消费者对其产品更加信赖，从而可以提高顾客的回头率和企业销售额，最终赢得市场。由此可见，企业要成功，必须做好以下两件事：一个是树立自己的商业品牌；一个是做好企业的社会公民品牌。一个企业是不是成功，不仅要看股东们的满意度和客户满意度，也要看社会公众的满意度。但是，仅仅只做好自己的商业品牌并非万事大吉，还要做好企业的社会公民这个品牌。

4. 做一个负责任的企业公民

企业是社会的一种特殊公民，肩负着很多社会职能和责任，然后通过自己的努力，实现资本的积累，享受社会的福利，让企业做大做强。那么，要怎样才能做一个负责任的企业公民呢？

（1）遵法守纪。要想做一个负责任的企业公民，首先就得做一个敬畏法律的公民。在法治社会，法律是一切事物的行为准则，守法敬法者才能受到法律的最大保护，违法者将受到法律的严厉惩罚，遵纪守法是每个公民应尽的义务，企业公民作为一类特殊的公民，也必须做一个遵纪守法的好公民。

（2）模范经营。市场上有千千万万的企业，企业作为市场的主体，要严格遵守市场规则，模范生产经营，在追求经济利益的同时，也不忘遵守市场秩序，严格合法合规经营，宁愿少赚，也不要赚昧良心的不义之财。

（3）及时纳税。要想做一个负责任的企业公民，还必须认真履行一项职责和义务，那就是做一个积极的纳税人。既然从市场上得到了利益，就应该认真履行自己的应尽义务，当好纳税人，充实国家财库。

（4）信守承诺。要想做一个负责任的企业公民，还必须是一个讲诚信、重承诺的好公民，一言既出驷马难追，在和别人做生意时，不耍心眼，用诚信和良心去交易，生产合乎国家标准的产品，保证产品的质量，宁赚安心钱，不走违法路。

（5）维护稳定。要想做一个负责任的企业公民，还必须肩负起稳定社会的职责，遵守市场规则，遵守社会秩序，维护市场和社会的和谐稳定。要秉持一个观点，那就是没有大环境的稳定，也不会有小范围的安宁，只有保住大家，才会有自己的小家。

（6）贡献力量。要想当一个负责任的企业公民，还可以做到为社会贡献自己的力量，每年从自己的企业利润中拿出一部分资金来回馈社会，无论是帮残助弱，还是救济贫困，或者是当社会有难之时慷慨解囊，这都是一位负责任的企业公民乐意做的公益事业。

第三节　A级选手

一个好汉三个帮，一个篱笆三个桩。对于企业格局来说，企业的成功必须有一群A级选手。

一、什么是A级选手

本书将A级选手的标准确定为：

（1）快乐地做必须做的每一件事情。

（2）每一件事情都要达到120分的标准。

（3）长年累月坚持这种做法。

这三个条件之间是递进关系，首先，A级选手在工作中的时候心态是快乐的，而不是愁眉苦脸，因为快乐的心态更容易让人拥抱工作以及忘我地投入；其次，A级选手做事的时候并不是草草做完了事，而是要超越一般人的水准，并且超越公司及团队的期望值；再次，不是把某一件事情或岗位必须做的某几件事情达到120分的水准，而是全部工作；最后，关键的是还要坚持每天、每周、每月、每季、每年都要达到这种水准。

二、如何打造A级选手

只有A级选手才能帮助团队成功、企业发展和社会进步，因此，我们有必要对如何打造A级选手做个详细说明。

1. 发现自己工作的源动力

每个人的人生目标与追求不同，影响目标实现的动力来源存在巨大的差异，因此，发现并坚持自己工作中的源动力在很大程度上决定了一个人是否能够成为一名合格的A级选手。

2. 找准自己的角色定位

一个人会同时扮演不同的角色，一个人在扮演不同角色时的源动力是不同的，只有让每个人准确定位自己的角色，才能使其成为一名合格的A级选手。

首先，A级选手是一个自然人，他需要满足吃、喝、拉、撒等基本的需求。

其次，A级选手也是一个社会人，他的一切行为不可避免地要与周围的其他人发生各种各样的关系，如生产关系、情爱关系、亲属关系、同事关系、上下级关系、朋友关系，等等。人的社会属性要求他必须遵守基本的社会伦理和法律法规，担当相应的社会责任。

再次，每个人还具有家庭属性，每个人必须为了家族文化传承、种族延续定位自己的角色。

最后，作为一种特殊的社会属性，员工还是一个企业人，他需要认同企业的价值理念，遵循企业的规章制度，履行企业赋予的使命和职责，完成企业下达的各项工作目标。

3. 做一个职业化的人

一名员工每天都会面临这样或那样的工作，我们把这些工作定义为每个岗位必须做的事情。另外，由于个人喜好不同，每个人都有自己喜欢做的事情。这样一来就会存在以下几种情况：

（1）必须做的事情全都是员工喜欢做的事情。这是最理想的一种状态，员工在这种情况之下做事的时候效率一定是最高的，质量也一定是最好的，同时员工工作时的心情是愉悦的。

（2）必须做的事情有一部分是员工喜欢做的事情，有一部分是员工不喜欢做的事情。在这种情况之下做事，一旦涉及必须做的事情是员工喜欢做的，员工就会像第一种情况一样全心投入，力求完美，而一旦涉及必须做的事情是员工不喜欢做的，这时候员工做事的时候就会很痛苦，也一定会抱着“做了就行”“60分万岁”“能混就混”“能拖就拖”的心态。

（3）必须做的事情没有一件是员工喜欢做的事情。这是一种非常糟糕的状态，试想一下，员工一旦进入岗位要求履行的职责的时候是一种垂头丧气的状态，而一旦不涉及岗位职责时，他又会呈现出一种忘我和亢奋的状态，这样的员工注定不会成为A级选手。

综上所述三种情况，我们认为，要想让自己成为A级选手，就一定要学会拥抱岗位要求必须做的任何一件事情，以付出的心态、成长的心态、成功的心态对待工作。

4. 打造自己的职业金字塔

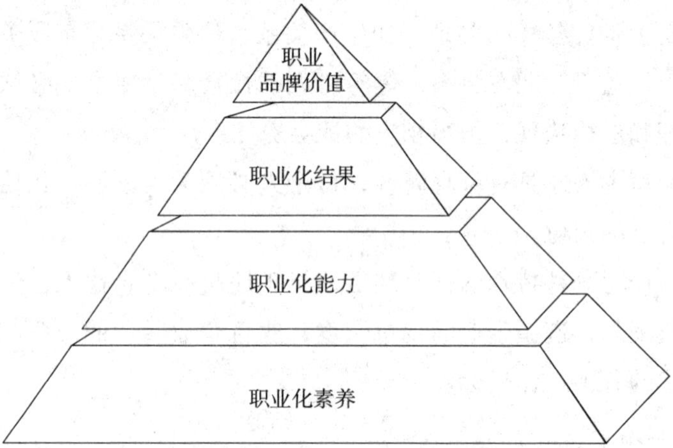

图 8-1　职业金字塔（示意）

如图8-1所示，我们把A级选手的职业金字塔分为4个层面：

（1）职业品牌价值。在任何场合，一提到艾尔弗雷德·斯隆、乔布斯、杰克·韦尔奇、董明珠、唐骏、方洪波等，大家的第一感觉就是他们的个人职业品牌价值都很高，甚至超越了很多企业的品牌价值，这是为什么呢？其实原因很简单，就是他们更懂得像经营企业那样去经营自己。不同的是，经营企业追求投入与产出，追求效益最大化，而经营个人则需要通过帮助组织和团队成功让个人知名度更高、品牌价值更值钱。

（2）职业化结果。对照前文提到的A级选手的标准，职业化结果就是“将必须做的每一件事情都达到120分的标准”，同时，还要做到“长年累月坚持这种做法”。

（3）职业化能力。想要达成职业化结果，就要求A级选手必须具备相应的能力，我们将职业化能力归结为：坚持终身学习、较强的执行力、具有创新能力、较高的影响力、团队协作精神。

（4）职业化素养。职业素养是态度、自我意识、个性特征的集合，职业素养反映出一个人在无人监督状态下的一种习惯。A 级选手需要具备的职业化素养归结为如下六个维度：使命感、目标意识、客户导向、快速响应、结果导向、自我驱动。

第四节　经营系统

企业成功与否不能简单地看这家企业赚了多少钱，还需要从更深层次审视这家企业是否有健全的企业经营系统。有了健全的经营系统，才能确保企业持续、稳健经营，最终成长为一家伟大的企业。

一、完善经营体系

时至今日，很多企业在制订年度经营计划的时候，还是在延续传统开源节流的经营观念，很少考量在如何提升企业运营效率、如何提升企业市值等方面下功夫、做文章。这背后的原因除了经营理念落伍之外，还有一个非常关键的原因，那就是很多企业还不清楚一个完整的企业经营系统是如何构建起来的、具体包含哪些因素，同时，在不同的企业发展阶段企业经营系统又有何差异等。

深圳信睿咨询将企业经营系统的核心构成分归结为 5 大系统，即企业市值系统、企业梦想系统、企业流程系统、企业人资系统、企业信息系统。(见图 8-2)

1. 企业市值系统

大家都知道，经营企业的目的就是要实现盈利，因为企业就是以盈利为目的的组织，这是过去我们对企业经营的认知，现如今我们做企业不仅仅要赚钱，还需要将企业变得更加值钱。那么，企业从哪些地方构建经营系统才能让自身越来越值钱呢？这就是信睿 SMART-EOS 企业经营系统中市值系统需要回答的问题，我们把企业市值系统归集为 7 个方面。

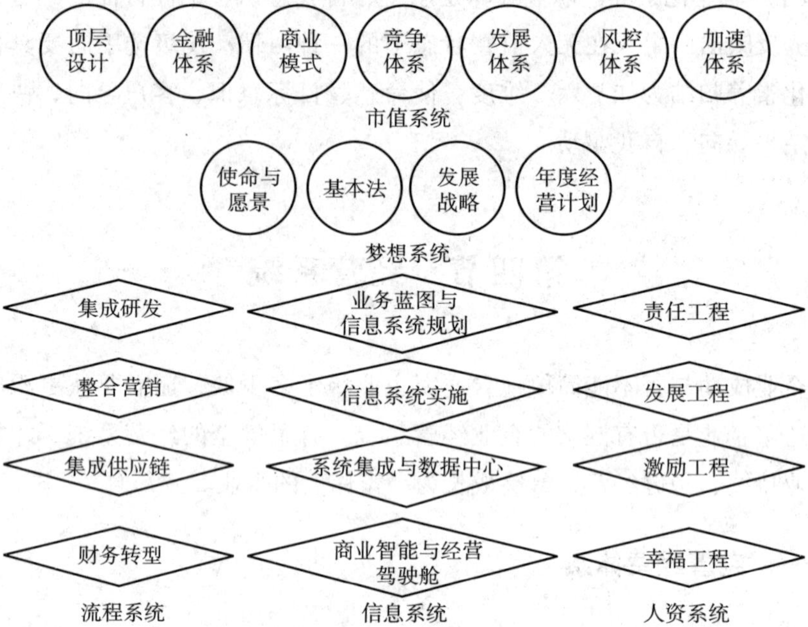

图 8-2 信睿 SMART—EOS 企业经营系统

表 8-1 企业市值系统核心内容

企业市值系统	所含内容
顶层设计	公司业务规划、公司性质规划、运作模式规划、股权结构规划、公司章程、治理结构、议事规则
金融体系	资本来源、证券金融体系、银行金融体系、公司债券体系
商业模式	商业模式画布、商业模式创新
竞争体系	竞争态势分析、竞争模式选择
发展体系	发展路径、产业选择、价值链延伸、价值环重构
风控体系	运营风险、廉洁风险、授权风险、财务风险、金融风险、新技术风险、人力资源风险、政策风险、法律风险、自然灾害等
加速体系	增长模型、增长速度

2. 企业梦想系统

一个企业想要走得稳、走得久，必须先解决如何将企业的梦想与员工的梦想尽可能保持一致的问题，让每位员工想企业所想、急企业所急，这就是我们通常讲的统一“三观”（世界观、人生观、价值观）。

根据信睿 SMART-EOS 企业经营系统，我们把企业梦想系统所包含的内容归结如下：

表 8-2　企业梦想系统主要内容

企业梦想系统	主要内容
使命与愿景	企业使命、发展愿景
基本法	核心价值观、发展战略及经营计划理念、市场营销与客户服务理念、产品研发理念、集成供应链管理理念、财务管理理念、人力资本管理理念、价值创造与利益分配理念、组织与流程管理理念、创新与变革理念
发展战略	战略目标、业务战略（含产业战略、产品战略、客户战略、市场战略）、职能战略（市场营销职能战略、产品研发职能战略、供应链职能战略、财务投资职能战略、人力资源职能战略）、核心能力规划
年度经营计划	年度经营环境分析（外部经营环境、内部经营环境）、年度竞争态势分析、年度竞争策略规划、年度职能战略规划、年度战略地图绘制、年度 BSC 及目标分解、年度业务计划、年度经营预算、年度经营计划实施平台、年度经营计划实施评价与衡量

3. 企业流程系统

先有战略，后有流程，最后是组织。企业战略系统明确后，就需要建立完善的流程系统去保证战略及年度经营计划的落地与实施，我们将企业的流程系统分为 4 大部分，分别为整合营销、集成研发、集成供应链、财务转型，具体内容及需要重点解决的问题见表 8-3。

表 8-3　企业流程系统主要内容

企业流程系统	主要内容
整合营销	品牌定位、品牌宣传、媒介管理、市场研究、市场推广、市场物料、市场秩序、促销、渠道政策、产品定价、渠道与客户开发、销售订单开发、销售合同评审、订单交付管理、货款管理、客户服务、客户关系管理、客户档案管理、满意度管理、客诉受理
集成研发	产品市场研究、市场需求管理、客户定位、产品线规划、产品定义、立项管理、产品开发、开发验证、上市管理、产品迭代与升级、产品生命周期管理、研发项目管理
集成供应链	供应商开发与评估、合格供应商管理、物料需求计划、生产计划、物料采购、作业计划、制程管理、仓储与物流、品质管控、设备管理、工艺工程、精益生产、安全管理、环境保护
财务转型	经营预算制定与实施、资金管理、资产管理、融资管理、投资管理、会计核算、成本控制、费用管理、财务分析、税务管理

4. 企业人资系统

企业的任何经营策略及运营流程都需要人去执行，在执行的过程中，如果责任不清楚、责权利不对等、员工能力不足或者意愿不强、士气低落、组织氛围不正等原因都会造成经营策略不能落地，流程无法执行，最终导致企业经营目标无法实现。为了解决这些问题，信睿 SMART-EOS 企业经营系统提出了企业人资系统构成的 4 大工程，即责任工程、发展工程、激励工程和幸福工程。

表 8-4　企业人资系统主要内容

企业流程系统	主要内容
责任工程	组织管理原则、公司一级结构、部门二级结构、部门使命与三级职能、定岗定编、岗位说明书、工作标准、职权与分权
发展工程	岗位任职资格、职位横向与纵向发展路径、职业生涯规划、员工培训教育、优才计划、人才梯队规划与建设
激励工程	物质激励、精神激励、短期激励、中期激励、长期激励、工资激励、福利激励、奖金激励
幸福工程	组织氛围、企业文化、员工士气、员工满意度、员工敬业度

5. 企业信息系统

为了帮助企业流程有效固化，同时保证经营过程及经营结果可视化，避免出现“信息孤岛”“企业失忆”等问题发生，企业有必要建立健全信息系统。在企业经营过程中，我们会面对大量新产生和发生变化的数据，同时根据企业经营需要还可能需要对原有的数据采集方式进行调整和优化，因此应深入分析和规划信息系统以便实现前面所说的目的是非常有必要的。

信睿 SMART-EOS 企业经营系统将企业信息系统归结为：

表 8-5　企业信息系统主要内容

企业流程系统	主要内容
业务蓝图与信息系统规划	业务蓝图绘制、基于业务蓝图进行信息系统需求识别、信息系统规划
信息系统实施	信息系统选型与论证、信息系统实施规划、信息系统开发、信息系统实施与上线、信息系统优化与升级

续表

企业流程系统	主要内容
系统集成与数据中心	信息系统集成需求识别、信息系统集成与数据呈现、数据中心规划与构建
商业智能与经营驾驶舱	关键经营数据识别、商业智能规划、经营驾驶舱规划与维护、经营驾驶舱数据运用

根据前面对信睿 SMART-EOS 企业经营系统的介绍，我们可以看出，企业想要做好经营，必须从市值系统、梦想系统、流程系统、人资系统、信息系统多个维度着手，当然，阻碍企业经营的问题也会从以上要素中产生，企业在制订年度经营计划的时候，必须按照经营系统需求对影响企业经营的核心要素以及存在的问题进行分析，并作为年度经营策略加以执行。

二、经营系统升级

企业经营系统建设是一项长期持续的工程，企业要开展经营活动，就必须思考如何结合自身的业务特性及经营需求构建并不断优化经营系统。

当然，在企业经营系统建设方面，我们也不能忽略企业生命周期及发展阶段，处于不同生命周期阶段的企业面临的危机不同，经营系统核心构成要素也是不同的。

如图 8-3，企业在不同的发展阶段，就像一个人处于不同的年龄段一样，其历史使命和经营重点是不同的，同时，企业不同发展阶段所面临的问题以及解决这些问题的最佳路径和方法也是有差异的。比如，同样是员工激励的问题，企业在初创阶段只需要做好薪酬福利体系设计，多关心员工的生活就可以了，但到了成长阶段这些措施就不够了，除了薪酬福利体系之外，还需要解决奖金体系，如果企业发展到了成熟阶段，除了前面提到的内容，还需要解决核心员工期权、期股、股权等长期激励的问题。

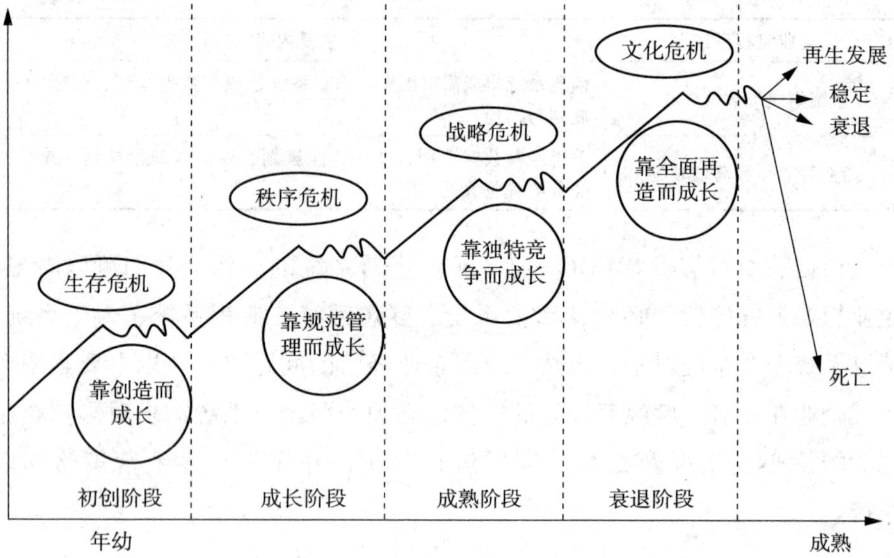

图 8-3 企业生命周期理论

表 8-6 不同生命周期阶段企业经营系统建设重点

发展阶段	企业经营系统级别	经营系统建设重点				
		市值系统	梦想系统	流程系统	人资系统	信息系统
初创阶段	初始化级	顶层设计、金融思维、商业模式	使命、愿景、年度经营计划	业务选择与定义、计划体系、项目管理体系	组织定义、薪酬福利体系、核心团队建设	业务蓝图
成长阶段	规范化级	顶层设计、金融体系、商业模式、竞争体系、发展体系、加速体系、风控体系	使命、愿景、价值理念、发展战略、年度经营计划	价值链选择、业务蓝图规划、业务流程、管理流程	组织体系、激励体系、任职资格、人才培养、企业大学	业务蓝图、IT规划、信息化导入
成熟阶段	优化级	顶层设计、金融体系、商业模式、竞争体系、发展体系、风控体系、加速体系	战略升级、年度经营计划、基本法、文化建设	价值链重组、业务蓝图优化、流程体系优化	组织体系、集团管控、关键岗位、核心员工中长期激励	信息化升级、信息系统集成、商业智能

续表

发展阶段	企业经营系统级别	经营系统建设重点				
		市值系统	梦想系统	流程系统	人资系统	信息系统
衰退阶段	再造级	顶层设计、金融体系、商业模式、竞争体系、发展体系、风控体系、加速体系	战略转型、企业文化再造、基本法重塑、年度经营计划	价值链再造、业务蓝图再造、业务流程再造	人力资本再造、组织再造	业务蓝图再造、信息化再造

明白了企业经营系统、生命周期及不同生命周期企业经营系统构建的重点之后，企业在制订年度经营计划的时候还需要结合战略需求来系统规划当年经营重点及策略，并通过过程衡量与评价保证年度经营目标的顺利达成。

第五节 百年文化

企业文化是企业生产经营和管理过程中所创造的具有该企业特色的物质财富和精神财富的总和。它包括企业精神、文化观念、价值观念、道德规范、行为准则、历史传统、企业制度、企业产品、人文环境等。其中，价值观是企业文化的核心要素。

一、建立伟大文化

企业文化本质上是通过企业制度的严格执行衍生而来的，它是通过制度的强制性和激励措施最终促使全体员工形成某种行为的自觉，自觉的群体行为就是文化。

伟大的企业文化造就伟大的企业。那么，什么是伟大的企业文化？

（1）伟大的企业文化要能激发员工的使命感。责任和使命是企业的基本属性，企业使命感是全体员工的工作目标和努力方向，是企业不断前进、不断发展的动力源泉。

（2）伟大的企业文化要能凝聚员工的归属感。企业文化就是通过企业价值观的提炼和传播，让来自五湖四海的员工共同追求同一个目标、同一个梦想。

（3）伟大的企业文化要能加强员工的责任感。企业要通过大力宣传员工的责任感，给全体员工灌输团队意识和危机意识，让大家清楚地认识到企业是全体员工共同的企业，而不是老板一个人的企业。

（4）伟大的企业文化要能赋予员工的荣誉感。每一位员工都要有主人翁精神，要爱岗敬业，在自己的工作岗位上多做贡献、多出成绩，树立强烈的集体荣誉感。

（5）伟大的企业文化要能实现员工的成就感。企业的繁荣昌盛是公司员工生存的基础，企业就是员工的家，企业繁荣了，员工们就会引以为豪，就会更加积极努力工作，就会有更高的荣耀感和成就感。

二、持续领先对手

能够持续领先的企业，大都具有下列共性：一是仔细倾听顾客及其他利益相关者的声音，包括企业内部的声音和竞争对手的声音。二是根据顾客、社会、企业内部和竞争对手的声音，随时系统整合这些声音，变成企业不断改进的具体措施。三是拥有不断学习和根据变化做出快速反应的业务程序。

企业要具备领先要素，就必须建立科学的决策系统，把企业战略同企业资源进行配置，并把实行的方针与具体管理办法紧密地结合起来。企业的这种决策网络的主要特征有两点：

（1）以资源配置来定义决策。即对如何分配人员、资金、信息、时间及其他企业资源进行科学决策。这一认识将有利于决策的执行和分清责任。比如，提高市场占有率决策就是用具体的资源配置来降低价格、加强促销、改进产品特性等。这样的定义决策，有利于经理执行并对其执行结果负责。

（2）有利于决策者明确地解决相关的各种冲突。比如，决定提高市场份额，就意味着用于其他业务单位的资源有可能减少。决策者必须预先解决这些冲突，否则，决策的执行就会受到干扰。

5G群雄逐鹿，竞争异常激烈，华为的5G技术相比于竞争对手究竟如何呢？华为轮值董事长郭平表示，华为在全球5G领域取得领导地位，领先竞争对手至少一年。

其实，我们都知道在技术领域差一个月、一周甚至几天的时间都会有天壤之别，因为大家都是在进步的，你在努力研发的同时，竞争对手也在努力研发，可以说只要不出大错误，领先的企业一般会持续领先。

所以说华为在5G技术领域领先竞争对手一年，这是甩了竞争对手一个非常大的距离，这也为华为增加了获得各国合作的底气。难怪任正非有底气说：世界需要华为，因为我们更先进。①

三、超越利润追求

美国詹姆斯·C. 柯林斯所著的《基业长青》里有一章叫“超越利润的追求”，说的是高瞻远瞩的公司能够同时拥抱理念和利润，理念是公司存在的目的和动力，利润只是公司存在的结果。

获得巨大成功的企业乃至于个人，都不是把利润作为终极追求的目标，他们有着更为深层次的追求，或者是宏大甚至遥不可及的梦想。不只是公司，在奋斗的道路上，如果我们有一个好的产品或者理念，它能让你一开始就有一个明确的目标，并为之而努力奋斗。这个理念必须纯粹，必须正当。就算现在没有也没关系，但早晚一定要有，哪怕是找到你能认可的怀有同样理念的伙伴，只有这样，你才不需要物质的鞭策，才不会轻易迷失方向，才不会被暂时的困难吓倒，从而能走得更长更远。

超越利润的追求是生命的真谛。生命得以延续，离不开氧气、食物、水和血液。但这些东西不是生命的目的。对企业而言，利润是其生存的必要条件，却不是唯一的追求。对很多高瞻远瞩的公司而言，超越利润的追求才是生命的真谛。默克公司的《内部管理方针》中提道：“我们做的是

---

① 商悟社．华为在5G领域领先竞争对手一年，难怪任正非豪言：世界需要华为［EB/OL］.（2019-2-24）［2019-12-15］https：//baijiahao. baidu. com/s？id=1626356478429054726&wfr=spider&for=pc.

挽救和改善生命的事业，所有的行动都必须以能否圆满实现这个目标为衡量标准。”这就是默克公司的追求，将利润置之在后，将挽救和改善生命事业放在首位。

曾任惠普公司CEO的约翰·杨说：“我们的基本原则，从创办人构思出来后一直维持不变，我们把核心价值观和实务分得清清楚楚，核心价值观不改变，但是实务做法可以改变。我们也要清楚地表明：利润虽然重要，却不是惠普存在的原因。公司是为了更基本的原因而存在。”惠普虽然确切地知道利润的重要性，但并不将其作为唯一的追求，反而追求“更基本的原因”。

同样地，曾任福特公司CEO的唐·皮特森表示：“把利润放在人和产品之后是福特公司造就的奇迹。”福特公司没有把利润放在首位，而是排在了人和产品之后，可见，公司最重视的不是人与产品，更显露出其他的追求方向。

高瞻远瞩的公司均追求崇高的事业。世上可追求的东西有很多，比如金钱、名誉等。然而，不同的人与企业的追求往往不同，但相同的是，高瞻远瞩的公司都追求那些崇高的、伟大的事业，而不仅仅是利润。换句话说，高瞻远瞩的公司与有信仰的人一样，也是有信仰的。它们不会为外在的名、利、权、位所累，而是有内在的追求。这种内在的力量会促使它们一心一意做企业，心无旁骛地做事、做好事。正所谓，道者应有木石心，名相须具云水趣。

不仅如此，它们思考的时长也会超越一代人，甚至更久。正如任正非所说：“在创新的问题上，更多的是一种承前启后。”很多崇高的事业，仅依靠一代人的努力是不一定会完成的，往往需要凝聚几代人的努力，方能取得举世瞩目的效果。每一代人竭尽当代人所能，将所从事的事业做得尽善尽美，那么未来才有可能真正成为所属领域的强者。后代人之所以看得远，是因为站在了巨人的肩膀上。

成就伟大的事业，需要众人合力。企业变强、变好，所追求的东西都会到来。当所追求的一切都超乎利润之外，利润就会随之而来。河流知道大海就是其前进方向，因而可以自由流动；企业明确心中的信仰，因而可以心无约束地前行。心之所向，便是前进的方向。

利润是企业生存的必要条件，也是达成重要目标的手段，但是对于很多长盛不衰的企业而言，利润不是目标，利润就像人体需要的氧气、食物、水和血液一样，这些东西不是生命的目的，但是，没有它们，就没有生命。

华为就一个常见的模式提供了不同的切面，这个模式就是：有一个核心理念，是这些得以长盛不衰企业历史发展中的首要因素。这些企业核心理念是一组基本准则，像基石一样稳固地埋在土地里，表明“这就是我们的真面目，这就是我们的主张，这就是我们的追求。”

在公司日常运营中，“超越利润的追求”理念能彰显公司的价值观和核心理念的与众不同，引导并塑造员工与公司相一致的价值理念，约束员工的行为，使公司形成强大的凝聚力，进而产生强大的竞争力；即使公司处于危急关头，有核心价值理念的公司也会展现出强大的自我修复与再生能力。

四、持续创新进步

任何重大的技术进步都会引来很多创新群体和系列连续的创新高潮，持续创新过程往往跟随在重大革新之后，伴随着一个新产业的成长和老产业的兴衰。持续创新对企业决策十分重要，是企业创新活动和获取竞争优势的核心内容。企业要了解产业持续创新的规律和掌握持续创新的模式，增强持续创新对提升企业经济价值的认识，培养持续创新能力，消除落后的制度障碍，获取行业竞争优势。

企业持续创新可概括为企业持续的管理创新、技术创新和市场创新。

1. 持续管理创新

管理创新是指创造一种新的更有效的企业资源整合新模式。管理创新可以是全过程管理的创新，也可以是具体细节管理的创新。持续管理创新是企业在动态的市场环境下，通过对其内外部资源进行持续不断地调整、整合来实现其预定目标的过程。

2. 持续技术创新

技术创新是基于市场需求，通过整合研究，探索满足市场需求的新产品、新工艺、新技术、新服务和新管理方法，并引入生产经营系统，实现生产力转化，再通过市场扩散实现商业化、产业化的一系列创新过程。企业持续技术创新是企业技术创新活动不断持续，是企业将技术创新活动纳入正确的技术轨道的过程。

3. 持续市场创新

持续市场创新是企业在动态的市场环境中，为更好地满足市场需求，通过不断地改变原有经营要素、引入新的市场要素，持续地开拓新市场、占领新的市场的过程。企业要实现永续经营，就要进行从创业者向创新者的蜕变；永远不断创新是企业竞争胜出、不断成功的秘密。

4. 永葆创始人精神

生于忧患，死于安乐。这条古训就是创业精神的核心内涵。很多企业在做大后，都会丢失了创始人精神，并为此付出了巨大的代价。即使是那些曾经占据行业主导地位的公司，也往往会无法承受由此引起的巨大失败，在这方面，最典型就是诺基亚公司。当初，这家行业老大坐拥世界上最大的高速发展的市场，掌握着企业历史上规模最大的现金流。但随着业务规模的扩大，它却没有保持初创公司的思考力，不去投资未来，却派发了40%的股息，并用现金回购了大量的公司股票。最终，在短短几年时间里，它就被苹果、三星和谷歌占领了智能手机市场，销量出现了断崖式下滑。

为了给企业找寻到一些突破困境之路，全球著名的资讯公司资深合伙人克里斯·祖克和詹姆斯·艾伦，以他们的智慧和经验同世界各地的100余名高管进行对话，调研了数百家企业，并对200多家企业的经营业绩建立了数据库，还邀请了每个公司的专家来进行评估。他们得出了这样一个研究结论：长期保持住创始人精神的公司，它们成功的概率要比一般的公司高出很多倍。其中股东回报率是一般企业的3倍；能连续10年实现盈利增长的企业只有大约10%，而在这10%的公司中，2/3的企业是由创始人精神引领实现的。

可见，企业做大以后，几乎不可避免地会出现这样或那样的毛病。比如，超负荷经营常常出现在团队管理经验不足，而又由年轻人掌管的高速成长型企业中；比如，“失速”问题常常出现在一些已经在市场上取得初步成功的公司，却由于迷失方向，或者公司架构不合理，而被迫放慢发展步伐，从而导致企业再也无法恢复活力；再比如，一些在公司前期发展中起着关键作用的要素，直到行之有效的成功做法，突然之间不再管用，造成公司核心市场份额不断恶化、失控，最后崩溃。

那么，如何才能克服上述可怕的陷阱呢？答案是保持企业动力、专注力和对顾客的高度关心。永葆创业精神，是企业健康、持续发展必须遵循的精神准则，创业精神在企业创办之初往往都会具备，在企业发展到一定规模后，仍然需要保持并发扬光大。创业精神不是企业家的专属特质，而是企业全体员工都应该具备的成功要素，对于团队管理者尤其如此。

如何传承和发扬创业精神呢？就是必须遵循“卓越、高效、合作、尽责”的价值取向，从自己做起，从点点滴滴做起。有了创业精神，就能更加敬业勤奋、克制节俭、自信勇敢；有了创业精神，就能举贤纳士、广开言路、坚守法度；有了创业精神，就能不怠惰安逸、骄奢淫逸、故步自封；有了创业精神，就能警钟长鸣、居安思危、共克时艰。

只有全体员工永葆创业精神，精诚团结，奋力拼搏，自强不息，开拓创新，才能建立一个核心领域领先、综合优势突出的企业。